LA GRANDE HISTOIRE DE L'ANTIGANG

50 ans de lutte contre le crime

DU MÊME AUTEUR

Le Rire des tranchées, Balland, 2013

Histoire de la Crim', JC Gawsewitch, 2011

36 quai des Orfèvres, des hommes, un mythe, Éditions du Rocher, 2010

L'Abécédaire insolite du crime, Éditions du Rocher, 2010

Mystères et faits divers au Moyen Âge ; *Mystères et faits divers police criminelle*, Hachette, 2009

Chemins de table en Massif central, Hugo & Cie, 2008

MATTHIEU FRACHON

LA GRANDE HISTOIRE DE L'ANTIGANG

50 ans de lutte contre le crime

Préface de Robert Broussard

Pygmalion

Sur simple demande adressée à
Pygmalion, 87 quai Panhard et Levassor, 75647, Paris Cedex 13,
vous recevrez gratuitement notre catalogue
qui vous tiendra au courant de nos dernières publications.

ISBN 978-2-7564-1065-4

À Claude Cancès, qui sait
ce qu'amitié veut dire.

À ma grand-mère, Jeanne, qui me manque.

PRÉFACE

D'abord, un peu d'histoire. Un bref retour en arrière pour mieux comprendre la genèse de ce livre…

Nous sommes à Paris, en 1964. Le grand banditisme est en plein essor, les braquages se multiplient, la police est confrontée à des gangs si professionnels qu'ils laissent peu de traces et brouillent les pistes. Le taux de réussite des enquêtes s'en ressent : les preuves manquent, les condamnations sont rares.

Un commissaire audacieux, François Le Mouël, propose au directeur de la Police Judiciaire parisienne, Max Fernet, un changement radical des méthodes. Au lieu de partir du braquage pour tenter d'en identifier les auteurs, il imagine l'inverse : identifier des auteurs potentiels, les suivre et intervenir le plus vite possible après l'infraction. Par exemple, quand ils regagnent leurs bases en possession de leur butin, de leurs armes… Seule l'intervention à chaud est proscrite : trop risquée pour tout le monde !

La Brigade de Recherche et d'Intervention (BRI), vite baptisée « antigang » par les médias, est née. François Le Mouël en prend la direction.

Cette brigade présente un profil unique dans la galaxie des unités de police. Déchargée des enquêtes traditionnelles et de toutes servitudes administratives, elle a donc pour mission de détecter des individus – connus ou signalés par d'autres services – susceptibles de commettre des actes relevant du grand banditisme. Les antigangs, choisis pour leur expérience et leur goût du terrain, s'acharnent à identifier les équipes de « braqueurs », à les loger, à connaître les habitudes, les lieux de rencontres, les objectifs potentiels… Leur quotidien est fait de surveillances, de filatures, d'interventions…

Résultat : de « beaux voyous » tombent les uns après les autres, la presse salue le travail des antigangs… La méthode Le Mouël ne sera jamais remise en cause, et sera même reprise ailleurs, en France comme à l'étranger…

Arrive 1972, marquée par les événements tragiques des Jeux Olympiques de Munich (dix-sept morts). Le ministre de l'Intérieur, soucieux de voir comment la France réagirait en cas de prise d'otages, s'adresse au préfet de police de Paris pour imaginer la création d'une unité spécialisée. C'est ainsi que nous avons constitué la Brigade Anti-Commando, avec la BRI, comme noyau central. Elle sera la doyenne de toutes les unités françaises opérant depuis dans ce domaine.

Dans les décennies suivantes, l'antigang et sa sœur jumelle l'anti-commando collectionnent les réussites dans la lutte contre le grand banditisme, le terrorisme, les prises d'otages, les affaires d'enlèvement avec demande de rançon (en collaboration avec la brigade criminelle)…

À titre personnel, je suis un privilégié : j'ai exercé pendant plus de dix ans[1] les fonctions d'adjoint puis de patron de ces deux unités du 36, quai des Orfèvres.

1. 1971-1982.

Comme Le Mouël ou mon ami Marcel Leclerc, j'ai connu, dans ces brigades-là, avec ces policiers-là, des situations inoubliables, des moments qui font date dans une existence. La BRI et la BAC sont composées d'hommes qui partagent les mêmes besoins d'action, de solidarité, d'amitié, la même passion pour cette facette du métier de policier. Sur le terrain, ils doivent sans cesse trouver l'équilibre entre le respect des consignes et la capacité d'adaptation, entre prudence et excès de confiance. L'urgence de certaines interventions les oblige à être toujours prêts physiquement et moralement. Il en va de la sécurité de tous. Même si j'ai sans doute été un patron trop exigeant, j'ai toujours été persuadé que cette méthode basée sur la rigueur, la cohésion et le travail en équipe, a un double mérite : rassurer les « troupes » et impressionner l'adversaire.

Pour la plupart d'entre nous, les années ont passé. Nous avons cédé la place aux nouvelles générations, conscients que le contexte a beaucoup changé, à Paris comme ailleurs. Lors de nos rencontres entre « anciens », nous parlons peu du danger que nous avons côtoyé de si près. Il n'est plus qu'une lointaine sensation qui s'incline devant les mille anecdotes de ces années de vie commune avec des satisfactions, des joies mais aussi des souffrances et parfois des larmes... Le souvenir des camarades tués ou blessés n'est jamais bien loin.

En journaliste chevronné, Matthieu Frachon, fin connaisseur des brigades centrales de la PJ parisienne, va vous conduire à la rencontre de ceux qui ont eu, comme moi, la chance de se retrouver dans la tanière historique de l'antigang, au quatrième étage du 36, quai des Orfèvres ! C'est là, sous les combles mais aussi et surtout sur le terrain, que s'est écrite notre histoire.

Anecdote après anecdote, portrait après portrait, témoignage après témoignage, vous allez découvrir des personnages au caractère bien trempé, des hommes et des femmes dont le courage et le dévouement méritent un tel livre…

Il est temps de suivre votre guide pour mieux les connaître…

Robert BROUSSARD

Ancien patron de la BRI

AVANT-PROPOS

Antigang ! C'est un nom qui claque comme un coup de feu. Les images se bousculent : des cavalcades dans l'escalier du 36, quai des Orfèvres, des voitures qui démarrent en trombe, des traquenards tendus aux gangsters, des fusillades…

Mais c'est aussi des semaines voire des mois de patience, de planques, d'écoutes téléphoniques, 24 heures sur 24 collés sur une équipe de braqueurs, sur des hommes qui préparent un gros coup, à collecter les indices, à cerner leurs habitudes, leurs relations, leurs lieux.

Des images célèbres : Mesrine, le collier de barbe du commissaire Broussard, les flics en jeans, blouson et baskets, les voitures gonflées, Action Directe, le gang des Postiches, les braqueurs de tirelires (transports de fonds), la prise d'otages de l'ambassade d'Irak, les yeux bleus délavés de François Le Mouël, la gueule de Charly Bauer, le journal télévisé des années 1970, les « ninjas » d'aujourd'hui avec leurs cagoules…

Un lieu : le 36, quai des Orfèvres, son escalier vétuste, ses murs moches, ses recoins et ses bureaux mal fichus.

Des hommes qui traquent d'autres hommes, des flics qui râlent, qui rient, qui sont en colère, qui s'engueulent, qui vivent...

Des patrons, hommes d'actions et de réflexions, fortes personnalités qui parfois divisent, mais le plus souvent rassemblent, sorte de généraux en civil capables de fédérer tous les ego.

Brigade des riches, cow-boys, ninjas, on leur a donné tant de surnoms... La presse les a parfois éreintés, accusés d'être des assassins, de vulgaires exécutants à la solde du pouvoir. Le revers de la médaille, de la fascination du public pour ces flics hors norme, ces chasseurs de gibier dangereux.

Leurs histoires frôlent parfois le western, le duel à mort, le défi qu'il faut relever, le film de guerre avec ses caractères, ses embuscades, ses batailles.

Cette brigade Antigang est une légende, j'ai voulu raconter son histoire...

Encore un petit mot

La scène se passe au premier étage d'un restaurant : une table ronde est dressée, la conversation est animée. Jo Querry, ancien patron de l'Antigang, a réuni ses amis, ses collègues à vie, pour me les présenter, pour raconter cette brigade. J'écoute Robert Broussard, Jean-Marc Bloch, « Bob » Martin, Frédéric Péchenard, Jean-Pierre Birot. Les anecdotes s'enchaînent, les noms viennent sur le tapis, Mesrine, Willoquet, le Porte-avions, Rouillan... Frédéric Péchenard se souvient d'avoir intercepté des braqueurs repérés par le patron de la PJ, Claude Cancès, qui promenait son chien ; Bloch se fait charrier sur sa faculté à transformer ses voitures en dépotoir ; Broussard a un sourire.

Un homme plus âgé est face à moi, de l'autre côté de la grande table, son regard est d'un bleu intense ; il parle à son tour, tout le monde se tait :

— En fait, on a démarré comme ça…

Il se nomme François Le Mouël. En 1964, il a créé l'Antigang.

L'Homme n'est que poussière,
c'est dire l'importance du plumeau.

Alexandre VIALATTE

I

LE BRETON
QUI AVAIT UNE IDÉE

« Le Mouël ? C’est un roc ! » Ce jugement est quasi unanime, que ce soit chez les policiers ou chez les truands qui l’ont côtoyé. L’âge[1] a adouci son visage, mais le regard est perçant, la parole parfois sèche. En 1964, Le Mouël est « sur les rails », au sein de la plus grande institution policière de France, la PJ parisienne. En ce temps-là, le 36, quai des Orfèvres fait chambre à part dans la grande maison qu’est la police nationale : concours, recrutements, postes, formations, sont spécifiques à Paris. Le Breton a suivi des études de droit, un DES d’économie, puis il présente le concours d’officier de police. Il sort vainqueur de l’épreuve et devient commissaire adjoint, à vingt-quatre ans. Il n’a pas pris la voie interne, celle qui voit des gardiens de la paix devenir inspecteurs, puis parfois commissaires, à coups d’examens sévères.

Commissaire adjoint, c’est un poste particulier, typiquement parisien, une sorte de grade intermédiaire

1. Il est né en 1927.

entre l'inspecteur (on dit aujourd'hui lieutenant, capitaine ou commandant) et le commissaire. Dans le langage de la préfecture de Police, c'est « le chien du commissaire », celui qui accomplit les tâches administratives, toujours sur la brèche, dans l'ombre du « patron », un poste formateur, ingrat. Un second examen au bout des sept ans réglementaires et Le Mouël devient un « vrai » commissaire, un chef de service, un patron.

À trente-sept ans, en 1964, il dirige la 5e BT (brigade territoriale), l'un de ces grands commissariats qui quadrillent Paris, étage en dessous du prestigieux 36, quai des Orfèvres, là où se traitent les grandes affaires.

Le début des années 1960, une fois évacué le cauchemar de la guerre d'Algérie, est rude pour la Police Judiciaire, la PJ parisienne. Comme pris de frénésie, les voyous multiplient les braquages, attaquent en série. Les serials braqueurs n'hésitent pas à prendre en otages clients et employés des banques qu'ils investissent. La situation est grave, les journaux titrent à tout va sur la recrudescence des vols à main armée. Que fait la police ? Son travail habituel : elle entend les témoins, relève d'éventuelles traces, compte un peu sur les indics pour identifier les braqueurs, une classique enquête. Cela n'aboutit à rien : les témoins sont imprécis, les voyous sont masqués et prudents et personne ne parle.

Le secteur recouvrant une partie des 19e et 20e arrondissements n'est pas épargné. C'est le territoire de la 5e BT, le fief du jeune commissaire Le Mouël. Une BT, c'est l'antichambre du 36, quai des Orfèvres, l'étage en dessous, celui où l'on remarque les futurs grands flics. Que l'affaire soit jugée délicate – ou importante – et elle échappe à ces commissariats pour être confiée aux brigades centrales (Crim', Mondaine, Voie Publique) de la PJ, au 36.

Comme tant d'autres, le commissaire râle :

— On travaille dans le brouillard, ce qu'on fait ne sert à rien !

En 1962, le Breton résout un braquage de transport de fonds en collaborant avec la brigade de Voie Publique et il commence à se dire qu'un tel travail serait très efficace à une plus grande échelle. L'idée mûrit et germe : au début de l'année 1964, des agents retrouvent une voiture abandonnée avec un cadavre dedans. Volée, elle avait servi à un hold-up. La vue du corps fait sursauter Le Mouël :

— Mais je le connais, ce gazier !

Le mort est un complice de Marcel Gauthier, un gangster issu de la banlieue sud, un futur grand nom du banditisme. La cervelle du commissaire tourne à plein régime :

— Si on avait pisté Gauthier au moment où il préparait son coup, on aurait pu intervenir ! On n'en serait pas réduit à jouer les chiens de chasse aveugles.

L'événement fait tilt pour le policier.

— Je suis rentré à mon bureau, je me suis assis à la machine à écrire et c'était parti.

La lourde Olympia de fonction fait entendre son bruit infernal durant un petit moment. Le Mouël enlève les feuilles, relit et glisse le fruit de ses cogitations dans une enveloppe « À l'attention de Monsieur le Directeur de la Police Judiciaire ».

Ces quelques feuilles – ce mince rapport – contiennent une idée qui va changer la face de la police. Le commissaire brosse un tableau clair et lucide :

– l'enquête classique ne fonctionne pas ;

– il faut partir du criminel pour aller au crime et non l'inverse ;

– et si on imaginait un service qui n'ait pour travail que d'agir en amont, d'identifier des équipes de voyous qui préparent des braquages, puis de les interpeller, soit juste avant qu'ils passent à l'action, soit après, dans les meilleures conditions ?

Cette doctrine porte un nom : la police d'initiative. Elle tourne le dos à la police d'enquête, celle de Maigret, allant du crime au criminel.

Le commissaire ferme l'enveloppe et l'expédie vers son destin : « J'étais assez confiant, de toute façon, dans cette situation, il fallait travailler autrement. »

Au deuxième étage du 36, quai des Orfèvres, derrière une porte matelassée de cuir, se tient le directeur, la figure tutélaire de la PJ. C'est sur son bureau qu'atterrit l'idée de Le Mouël. Max Fernet est un homme habile, un fin politique surnommé « Max le Menteur » pour sa capacité à louvoyer ; il détient le record de longévité[1] à son poste. Il connaît Le Mouël, ce dernier ayant été affecté au début de sa carrière au secrétariat de la direction du 36. Il n'a nul besoin de se faire communiquer le dossier du Breton ; il le sait homme de terrain, droit, et il mesure la portée de son idée.

— Mireille ? Convoquez-moi le commissaire Le Mouël, je vous prie.

Et l'inamovible secrétaire Mireille Bouvier s'exécute. Cette dame de fer aux quarante ans de PJ[2] connaît tant la maison qu'elle peut se permettre de lancer au téléphone à de grands commissaires : « Mon petit

1. Quatorze ans, de 1956 à 1970.

2. De 1958 à 1998.

Lucien (ou Georges ou Robert…), le directeur veut vous voir ! »

Dans le bureau de Fernet, François Le Mouël développe son idée. Il sent très vite que le directeur est acquis à sa cause. Les braquages se succèdent, la PJ doit réagir vite. En quelques phrases, les deux hommes se mettent d'accord :

– une unité qui cible les grosses équipes de braqueurs, les met sous surveillance dès qu'elle sent qu'un coup se prépare ;

– des policiers de terrain qui passent d'une affaire à une autre, laissant la procédure aux autres services ;

– des interventions faites au plus proche de l'action : si une équipe est arrêtée trop tôt, elle n'est coupable « que » d'association de malfaiteurs, soit le tribunal correctionnel et cinq ans de prison au maximum. En revanche, si les braqueurs sont interpellés juste avant le casse, devant la banque, avec armes et cagoules, le délit est « juridiquement constitué » : attaque à mains armées, autrement dit les assises et vingt ans ferme. Ou mieux, après le braquage, quand les malfrats ont rejoint leur planque.

Intervenir à chaud ? Le risque est trop grand, à éviter à tout prix. D'ailleurs, l'habile directeur de la PJ a déjà tranché en ce sens quelques mois plus tôt après une fusillade qui a causé la blessure d'un passant. La note suivante a été placardée dans tous les commissariats :

> *« J'entends que dorénavant les arrestations en flagrant délit à l'occasion d'un hold-up soient effectuées ou avant (souligné) l'agression, si la tentative est juridiquement constituée, ou à défaut après l'attaque lorsque la tension est retombée chez les malfaiteurs et les armes*

rengainées. L'expérience montre que la plus mauvaise des interventions est celle qui se pratique à chaud lorsque les malfaiteurs sont en train d'opérer.

Max Fernet, Directeur. »

La doctrine est en place, « y a plus qu'à » ! Max Fernet nomme le commissaire François Le Mouël chef de la SRI : Section de Recherche et d'Intervention.

— Puisque vous avez eu l'idée, je vous confie le soin de la réaliser.

Pour ménager les susceptibilités, la section est placée en théorie sous la coupe de la BVP, la Brigade de Voie Publique (future Brigade de Répression du Banditisme).

— Vous avez besoin de combien d'hommes ?

— J'ai pensé à six groupes de six, soit trente-six policiers, monsieur le directeur.

L'Antigang est née.

II

36, QUAI DES ORFÈVRES,
QUATRIÈME ÉTAGE

Passer le porche, saluer le planton en uniforme avec son bâton blanc à la ceinture, tourner à droite dans la cour en prenant garde aux pavés glissants, pousser la porte écaillée sous la pancarte « Direction de la Police Judiciaire, escalier A », puis monter les marches usées et inégales. Deuxième étage : brigade mondaine, brigade de Voie Publique, bureaux de la Direction ; troisième étage : brigade criminelle. Continuer à droite et passer devant le bureau des OPP Crayons (policiers chargés de la gestion administrative du service) de la Crim', contourner la mezzanine qui surplombe la salle d'attente du directeur et grimper quelques marches pour se retrouver dans les combles, sous les toits : SRI, Section de Recherche et d'Intervention, dit un vague panneau neuf.

Si ce faux quatrième étage pouvait parler, il dirait qu'il a accueilli toutes les innovations du 36 : la brigade des agressions de 1945, la brigade antiviolence des années 1930, et plus tard la SAT (Section Antiterroriste) en 1978. Pour l'heure, en septembre 1964, c'est l'Antigang qui s'y installe. Le Mouël a constitué ses équipes. De nombreux hommes viennent du groupe de surveillance de la Voie Publique ; ils sont rompus à la filoche[1], à la planque. Il les connaît, a déjà travaillé avec eux au cours d'une affaire précédente. Le Breton est un peu mal à l'aise, car il prend au patron de la VP plusieurs de ses très bons policiers. Or, Gustave Jobard est un « bon copain et un excellent flic ». Pour faire passer la pilule, la SRI est donc au début rattachée à la brigade de Jobard. Le Mouël en sourit aujourd'hui :

— Je savais qu'il allait partir diriger la Crim' dans les six mois, donc…

Le commissaire n'a pas attendu le double décret du préfet de police Maurice Papon le 22 septembre 1964 sur la création de la Section de Recherche et d'Intervention à la Police Judiciaire de Paris confiée au commissaire divisionnaire François Le Mouël pour se mettre au travail. Il recrute, mais pas n'importe qui.

— Je ne veux pas d'excités, ni de dingues de la gâchette ; je veux des gens patients, capables de sang-froid dans des situations exceptionnelles.

Il a déjà sa petite idée, écarte d'un froncement de ses épais sourcils le dossier d'une tête brûlée, refuse un policier bedonnant qui reprend son souffle entre deux étages. Il épluche les lettres de candidature, reçoit les postulants retenus. Le plus important est le choix d'un adjoint : Le Mouël sait que le patron d'un tel service, qui doit prendre un peu de hauteur et qui ne pourra pas être toujours présent, doit donc avoir un relais fiable sur le terrain. Le Breton choisit un pied-noir, Marcel Morin, un commissaire adjoint énergique. Les deux

1. Filature.

caractères se complètent sans s'affronter. Un as de la filature est débauché de la BVP, Jean Chauvin.

— Un type exceptionnel : il pouvait croiser un voyou dix fois dans la journée sans se faire « détroncher », il se fondait dans le décor à pied comme en voiture.

Élie Hallard est également pris dans les filets de la nouvelle entité du 36 : ce policier va être la cheville ouvrière de l'Antigang, celui qui organise tout, distribue les voitures, répartit les rôles, une sorte de second adjoint indispensable pour l'intendance.

Le Mouël doit obtenir des résultats rapides : la réussite de son idée est en jeu. En 1962, il y a eu quatre-vingt-six attaques de banques à Paris, un chiffre qui se rapproche dangereusement des cent six braquages de 1946, la période dorée des voyous. Il a déjà une cible en tête :

— J'avais dans un de mes petits carnets un nom : « Kiki » Piat, un braqueur.

Jacques Piat, alias « Kiki », est un complice de Jean-Claude Vella dit « Petites pattes » en raison de sa courte taille. C'est Piat qui donne à la bande en train de se former dans la banlieue sud de Paris le surnom des « Siciliens ». On les retrouvera dans les années qui suivent, notamment dans une guerre sans merci avec les Z, les Zemmour, une famille qui inspirera le film, *Le Grand Pardon*.

Mais nous n'en sommes pas encore là. Les policiers se mettent aux basques de « Kiki ».

— On va voir ce qu'on va faire à partir de ce gars.

Au bout de quelques jours, Jean Chauvin entre dans le bureau du patron et lance :

— Je crois qu'il prépare quelque chose, il a trimbalé un gros sac jusqu'à un bistrot, « L'Imprévu », dans le 10e. Il discute avec des gars dans le bar. Mais il est terriblement méfiant, on a failli se faire mordre[1] plusieurs fois.

— Ok, on va intervenir.

Le Mouël tranche : si Chauvin, as de la filoche, a des difficultés à surveiller son gibier, il ne faut pas insister. La première intervention de la SRI est décrétée. « L'Imprévu » est placé sous surveillance et, quelques jours plus tard, les policiers voient Piat y pénétrer et s'attabler avec ses complices. Ils entrent, armes aux poings :

— Police !

Les truands sont stupéfaits et lèvent les mains avec un bel ensemble.

Le sac déposé par Kiki Piat contient un véritable arsenal, le petit nécessaire pour un bon braquage. Le patron du bar est embarqué comme complice.

— On peut dire que pour « L'Imprévu » ils ont été servis !

Pour la première fois dans l'histoire du grand banditisme, des truands sont interpellés avant le délit ! L'équipe montée par Le Mouël a quinze jours d'existence ! Kiki Piat devient un personnage historique malgré lui, l'acteur de la première affaire de l'Antigang. Pour association de malfaiteurs et détention d'armes, il part en prison pour cinq ans, un moindre mal. À sa sortie, il continuera sa « carrière » et sera abattu, victime d'un règlement de comptes, en 1997, à Mougins.

Très rapidement, Le Mouël insiste auprès de la direction de la PJ pour obtenir des moyens. Il se fait allouer

1. Repérer.

des voitures, une camionnette de planque, le fameux « Soum », le sous-marin. C'est un Tube Citroën, un fourgon tôlé au mufle caractéristique, équipé de glaces sans tain. Plus tard, les Estafettes Renault auront un périscope. Renault 16 TX, Citroën DS au moteur gonflé et autres voitures de série viennent garnir le parc auto de l'Antigang. De quoi exciter une certaine jalousie des autres services.

Apprenant que je travaille sur le sujet, un ancien du 36 me lance :

— Nous, on ramait pour avoir une voiture sur un groupe, eux, ils en avaient deux. En plus, ils ont eu très vite des motos, des fourgons… Du coup, on les a appelés les nantis, la brigade des riches !

De plus, le style des policiers de cette nouvelle section tranche sur le genre affiché au quai des Orfèvres. À la Crim', c'est costume-cravate et souvent chapeau. À la Mondaine, certains rivalisent d'élégance ; la Voie Publique (future BRB) est à peine plus décontractée. L'Antigang fait du blouson son uniforme, adopte le jeans, avec des chaussures de sport, bref joue la carte du terrain. D'ailleurs, Le Mouël arrive aux réunions hiérarchiques avec la cravate de travers et l'imperméable un peu en vrac ; il n'est pas à l'aise avec le décorum, restant un flic d'action avant tout.

Quelques semaines après l'interpellation de « L'Imprévu », une autre affaire assoit la réputation de la toute jeune équipe. Une équipe de braqueurs notoires semble s'agiter du côté de la banlieue, à Gennevilliers. Les voyous sont mis sur écoute, les résultats ne se font pas attendre, ils préparent un coup, un gros, mais lequel ? Les policiers suivent les gangsters sans relâche jusqu'à ce que les « branchements[1] » révèlent que la bande va partir reconnaître le terrain. Rendez-vous est pris pour un départ matinal. Les hommes de la PJ y seront aussi, en invités surprise, incognito, à distance raisonnable.

— Mais ils nous emmènent où ces cons-là ?

Jusqu'à la frontière suisse ! Impossible pour les policiers de franchir la douane, ce serait l'incident diplomatique assuré. Dans les voitures de filature, on se regarde, interloqués. C'est le demi-tour sur ordre de Z21, l'indicatif radio du patron. Les voyous finissent par remonter à Paris, mais ils ne bougent plus. L'attente dure vingt-trois jours, quand au téléphone l'un des truands parle d'une nouvelle virée en Helvétie « pour de bon ce coup-ci ». Le Mouël prévient la police suisse. Paris et Genève décident que la PJ suivra les malfrats jusqu'à la frontière et que les autorités suisses prendront le relais.

La filoche va se révéler épique. Le Breton va poster des voitures le long de l'itinéraire ; elles se relaieront, atténuant le risque d'être repérées. Les inspecteurs discutent dans les véhicules, mangent, s'échangent des cigarettes et attendent… attendent… attendent…

Ils peuvent car les futurs braqueurs ont pris le train ! Heureusement que les trois flics attachés à leur filature de départ ont le bon réflexe : ils sautent dans le train et, à un arrêt, arrivent à prévenir le 36. Le dispositif est levé, c'est désormais la police suisse qui s'occupe de l'affaire. Elle commence par les perdre à Genève, puis tombe sur eux, un peu par chance, dans un immeuble en patrouillant vers leur voiture. Les voyous ont le

1. Écoutes.

calibre en main, ils viennent de « se faire » un courtier en bijoux. À la SRI, on note en connaisseurs :

— Beau flag[1].

L'affaire est relayée par la presse qui vante les succès de la jeune équipe et la coopération franco-helvétique. Il faut dire que le patron du 36, Max Fernet, ne se prive pas de faire de la pub pour « son » Antigang. Et puis, autre particularité de l'époque, dite âge doré pour les reporters, les journalistes campent littéralement au 36. Ceux des grands quotidiens y ont même un bureau ; ils suivent les inspecteurs, partagent un paquet de cigarettes, boivent un demi avec ceux de la Crim', de la Mondaine, aux « Trois Marches », la brasserie à l'angle de la place Dauphine.

Alors, la création d'une nouvelle brigade, ça intéresse. Ça passionne même : Pensez donc, une équipe de flics chargée de faire le ménage chez les gangsters, de braquer le braqueur ! Du coup, c'est la presse qui trouve le surnom de cette nouvelle race de poulets : l'Antigang ! Et *France-Soir*, *Le Parisien Libéré*, *Le Figaro*, *Paris Jour*, de titrer « Les superflics du 36 » ou « La chasse aux gangsters est ouverte »...

Un de ces dinosaures de la presse des années 1960 m'a confié :

— Les types de l'Antigang passaient devant le bureau des administratifs de la Crim', on essayait de les coincer, mais pas moyen. Un jour, un confrère, je crois que c'était Pichon, le gars de *France-Soir*, s'est mis en tête de les suivre, il est revenu au bout de dix minutes, une bagnole de l'équipe l'avait sèchement coincé pendant que l'autre filait !

1. Flagrant délit.

Après une pause, mon aîné reprend avec du rire plein les yeux :

— Le pire, c'était Le Mouël ! Il était terrible le Breton : quand il passait dans le couloir, on essayait d'avoir des tuyaux, il nous jetait un coup de périscope[1] glacial et basta ! Quand on le chopait en tête-à-tête, ça allait, mais sinon...

Temps ante-communicants, avant le filtre des chargés de com et autres diseurs d'histoires pré-mâchées...

— Le Mouël, vous déjeunez chez Lazareff !

Pas le temps de digérer l'information pour le chef de la SRI : le tout-puissant patron de *France-Soir* (un million d'exemplaires vendus par jour) a tellement apprécié l'histoire de la traque franco-suisse qu'il a invité à déjeuner le préfet de police, Maurice Papon, et François Le Mouël. Le repas, pris au dernier étage du quotidien dans la salle à manger privée de Lazareff, 100 rue Réaumur, devait valoir le détour. Entre Pierre Lazareff, être volubile d'une insatiable curiosité, et le taiseux Breton, il y a un monde. Leur seul point commun est l'admiration qu'ils suscitent chez leurs hommes qui les appellent « patron » tous les deux. La visite du grand quotidien a aussi de quoi rapprocher le policier et le journaliste : avec ses cinq cents reporters, son aspect de cathédrale, ses coups de gueule et ses caractères, le siège de *France-Soir* n'a rien à envier au 36, quai des Orfèvres. Le journal a même son propre bar, surnommé sans fioritures « Le Sordide », où parfois certains flics viennent boire le coup.

1. Regard.

Le Mouël n'en a pas fini avec les manieurs de plume. Toujours en cette fin d'automne 1964, un homme frappe à la porte de son bureau.

— Bonjour, je suis Auguste le Breton.

Le commissaire ne pousse pas la provocation jusqu'à demander : « Qui ? » En 1964, tout le monde connaît l'écrivain dialoguiste. Le Breton, né Auguste Monfort en 1913, a connu un grand succès avec son livre, *Du Rififi chez les hommes*, adapté au cinéma par Jules Dassin. Sa jeunesse fut agitée, il a vécu l'horreur des orphelinats, puis des bagnes d'enfants. Monté à Paris, il fréquente des voyous, y gagne son surnom « le Breton », dont il fera un nom. Son succès, il le doit à ses trouvailles, l'expression « rififi » qu'il dépose, le verlan et l'argot qu'il popularise. Et puis le cinéma l'adopte : il travaille avec Verneuil, Audiard, Grangier… Quand un Breton rencontre un autre Breton, ils se racontent… Non, ils se demandent d'où ils viennent.

— Moi, je suis de Kerien, dit le policier.

— Près de Guingamp, je connais. Moi, de Lesneven.

— Que puis-je pour vous ?

— Je voudrais écrire un roman sur l'Antigang, j'ai demandé à vous rencontrer et le préfet Papon et Max Fernet m'ont dit oui.

Le Mouël doit alors se livrer à un exercice qu'il n'apprécie pas : parler de lui. Auguste le Breton brise un peu la glace en remarquant un livre posé sur le bureau du commissaire : *Le Petit Simonin illustré* d'Albert Simonin, écrivain dialoguiste qui travaille avec Michel Audiard.

— Vous aimez la langue verte, l'argot ?

— Oui, ça m'amuse. Et puis, vous savez, à force d'écouter les voyous, leurs conversations, il faut bien se tenir au courant.

Dans la préface de son livre, Auguste écrit : « *Le commissaire principal Le Mouël, chef du SRI, et ses groupes d'inspecteurs trouvent ici mes remerciements pour l'aide qu'ils m'ont apportée. Sans eux, je n'aurais jamais pu écrire ce livre. Si l'argot éclate parfois sous ma plume, c'est pour marquer ma sympathie au commissaire Le Mouël qui, je m'en suis aperçu, est aussi féru de langue verte que ses hommes…* »

Le Breton a donc confessé une partie de l'Antigang ; oh, bien sûr il n'a pas poussé l'entrisme jusqu'à les accompagner sur le terrain.

— Ça, je ne l'aurais pas permis, lance un Le Mouël catégorique.

Brigade Antigangs paraît en 1965, il est aussitôt porté à l'écran. Le film n'est pas un chef-d'œuvre impérissable, c'est un Bernard Borderie (le réalisateur du *Gorille*) de bonne facture. Le livre sonne juste : Le Mouël y est campé sous le nom de Le Goff ; l'intrigue est un peu rocambolesque, mais le commissaire s'en amuse aujourd'hui.

— Il a bâti un scénario un peu bizarre où mon frère serait l'avant-centre de l'équipe de France de football… Mais, bon, c'est un roman.

Sur le dos du livre, Auguste le Breton pose avec son inamovible casquette devant la plaque qui énumère les services du 36, dans le fameux escalier. C'est bien la première fois qu'un roman est consacré à une équipe de la PJ alors que celle-ci n'a que quelques mois d'existence.

III

MARÉCHAL, NOUS VOILÀ

Le livre brosse un tableau assez exact de la vie des inspecteurs ; et il faut dire que certains sont assez « hauts en couleur », selon l'expression même de Le Mouël. Ainsi Frédo Vénier, véritable titi parisien. Il y a bien longtemps que l'on ne l'appelle plus par son véritable prénom, Alfred. Né en 1920, il apparaît comme le sage de l'équipe, un sage quelque peu turbulent et truculent. Lorsqu'un truand noyé avec le traditionnel bloc de béton aux pieds est retrouvé, Vénier lance :

— Ça fait longtemps qu'il fait du bouche-à-bouche avec les écrevisses !

C'est lui qui invente le terme « sous-marin » (le « soum ») lors d'une planque dans le fameux fourgon aménagé qui permet de voir sans être vu. Il va commettre bien d'autres traits d'esprit au cours de sa longue carrière. Un jour, lors d'une réunion, il lance à François Le Mouël :

— Patron, je ne pourrai pas venir en planque aujourd'hui, ma belle-mère fait du camping.

— Vous vous foutez de ma gueule, Frédo ?

— Non, patron, elle est à l'hôpital Boucicaut sous une tente à oxygène et les corbeaux la jouent à la belote !

Pour beaucoup, Vénier, c'est Bérurier, le personnage de *San Antonio*, au physique (l'homme est massif) et pour la gouaille. Mais pas que...

— Frédo a surtout marqué la brigade par ses talents d'organisation et sa façon de prendre les jeunes, les nouveaux sous son aile, précise Le Mouël.

Rapidement, l'Antigang devient une Brigade à part entière ; c'en est fini de l'expérimentation, de la section qui a tout à prouver : en 1966, on parle donc de Brigade de Recherche et d'Intervention.

En deux ans, Le Mouël et ses hommes ont gagné leur pari. Le nombre de hold-up est en chute libre, le banditisme est traqué à la source, répertorié. Car les policiers ne se contentent pas de remonter les équipes de voyous, de réagir aux tuyaux venus des autres services ; ils mettent le gratin de la voyoucratie en fiches. Un groupe entier quitte peu les locaux, c'est la « doc ». Le commissaire Le Mouël a amélioré son système de petits carnets ; il crée dès le début un service de documentation pointu. Pour parler chiffres, sachez qu'en 1989 la « doc » avait dans ses tiroirs 20 000 fiches, des dossiers contenant les photos, les habitudes, les lieux de rendez-vous, les fréquentations, les voitures des clients de l'Antigang. Tout y est noté, de la discothèque fréquentée au style de vie. Cette mine d'or, outil indispensable, est aujourd'hui devenue le FBS, le Fichier des Brigades Spécialisées ; il est commun à toutes les unités qui luttent contre les truands.

En 1967, une affaire va marquer l'Antigang : l'opération Marignan.

Tout commence en juin avec un tuyau venu du commissariat de Barbès. Un courtier en bijouterie signale qu'il est suivi par une voiture depuis plusieurs jours. L'homme est inquiet, il transporte dans ses « marmottes [1] » une véritable fortune en pierres et bijoux. Monsieur Lelièvre a relevé la plaque de la Renault 8 : 1515 RH 75. L'information remonte au 36, le commissaire Le Mouël rencontre le courtier. Il propose à Lelièvre de jouer « la chèvre », d'être l'appât pour les braqueurs. Là encore, le patron de l'Antigang prend un gros risque : qu'il arrive quoi que ce soit au courtier et Le Mouël assumera la responsabilité du danger qu'il a fait courir à un « civil ».

— Monsieur Lelièvre a été très bien, il nous a fait confiance.

Le numéro de la R8 est une impasse, il correspond à un nom bidon. Mais il permet de baptiser l'opération du nom de Marignan, célèbre bataille qui eut lieu en 1515, comme chacun sait. Les hommes de l'Antigang installent leur surveillance, un dispositif radio est monté, une équipe file le courtier dès sa sortie. Pour éviter les fausses frayeurs, les policiers préviennent leur « chèvre » que tout est calme, qu'il peut faire sa tournée en paix, quand les voyous ne sont pas en vue. Petit à petit, l'équipe des malfrats est identifiée, photographiée, mise en fiches. Leur chef est Jean-Baptiste Fournel, un habitué du grand banditisme, interpellé en 1960 pour avoir tenté de braquer un fourgon postal contenant 350 millions de francs (anciens). Fournel a un drôle de surnom : Le Maréchal. Ce sont ses talents de stratège qui lui valent ce sobriquet. « Maréchal, nous

1. Valises de présentation.

voilà ! » pourrait s'exclamer l'Antigang, bien décidée à expurger l'armée du crime.

Le Maréchal est un habitué du « Laetitia », l'un des derniers bars corses de Pigalle ; les policiers planquent et identifient sa bande : Panzani (l'un des patrons du bar), Maugendre dit « Le Boiteux », Bout, un ex-catcheur…

Après un mois, la bande décroche de l'affaire du courtier. Elle a fait « la danse du scalp » : en langage Antigang, l'expression qualifie les voyous qui tournent autour d'un objectif sans jamais l'attaquer. Pourquoi cette valse-hésitation ? Les raisons sont aussi obscures que multiples : trop de risques, butin maigre, un autre coup plus rentable, méfiance, dispute entre braqueurs… La brigade décide de ne pas lâcher la fine équipe. Ils vont frapper, trouver un autre objectif, mais lequel ? La bande s'agite d'abord autour du Palais-Royal, puis se concentre sur un fourgon, celui qui transporte la paie des ouvriers de l'usine Panhard à Ivry. Là aussi, les braqueurs décrochent.

Début décembre, ils rôdent de nouveau autour du Palais-Royal, vont et viennent entre la banque de France et les grands magasins du Louvre. Les écoutes téléphoniques ne donnent rien : les voyous échangent des recettes de cuisine ! Incollables sur la recette du veau à l'ancienne, les hommes de l'Antigang restent concentrés sur leur objectif. En ce début décembre, ils sentent que l'équipe ne va pas tarder à « monter au braquo ». La veille de Noël, les malfrats ont reçu du renfort : sept hommes vont et viennent sur le trottoir entre la place du Palais-Royal et le Louvre. La scène est surréaliste : ils se croisent sans un regard, parfaitement maîtres de leurs gestes. Le coup semble imminent. Le Mouël et ses hommes passent un mauvais

Noël, ils savent qu'une intervention dans ce secteur bourré de monde est très délicate.

L'attente se poursuit. Le 26, tout semble prêt, la bande se réunit au petit matin et converge vers le Louvre. L'Antigang a mis un maximum de policiers sur le terrain. À 9 heures, les braqueurs sont en place : deux Estafettes Renault sont garées. Les malfrats se répartissent, ils sont en tenue de travail : imperméables, casquettes, foulards. Le Mouël a la main sur le micro, prêt à déclencher l'intervention. Il songe au dérapage, à la fusillade en pleine rue ; il faut agir vite, ne pas laisser aux voyous le temps de respirer. Dans les voitures, à pied, et même en mobylette, répartis autour du Palais-Royal, les hommes de l'Antigang sont tendus, attendant la voix de Z21. Soudain, ils voient les braqueurs quitter leurs postes et se replier, les deux Estafettes s'évaporent dans la circulation.

Que s'est-il passé ?

— Z21 à tous, retour au 36, on va aviser.

Au quatrième étage du quai des Orfèvres, c'est l'incompréhension. Le Maréchal et ses hommes ont-ils repéré les policiers ? Non, Jean Chauvin, le « fileur en chef », est formel.

L'un des policiers a suivi Le Maréchal jusque dans les grands magasins du Louvre, une des plus grandes enseignes de Paris. La recette est sans doute leur objectif ; juste après la ruée de Noël, elle a de quoi aiguiser les convoitises. Le Mouël décide de sauter le repas et de se remettre en planque ; tout le monde pressent que l'équipe va frapper aujourd'hui.

À 14 heures, les deux Renault viennent se garer au Palais-Royal :

— Z21 à tous : Top intervention !

En une minute, tout est fini : braqueurs à pied ou en voiture sont faces contre terre, maîtrisés. Le Mouël observe l'une des Estafettes, le conducteur ne bouge pas. Le patron hurle :

— Police, lève les bras !

Le Breton ne sait pas que la portière est bloquée et que le voyou est plus tétanisé qu'autre chose.

— Drôle de sensation. J'étais à la fois très détaché et je me disais : « mais il va me descendre cet abruti ! ».

Chaque braqueur a un pistolet passé à la ceinture. Le Maréchal en bon chef en possède deux ! Dans les camionnettes, un véritable arsenal : pistolets-mitrailleurs, grenades quadrillées (du genre qui vous nettoie un terrain sur 50 mètres).

Les hommes du 36 respirent ; durant toute l'affaire, la peur du dérapage les a tenaillés. Le Mouël regarde la scène, soulagé, marqué à jamais par une image : sept braqueurs à terre, allongés, menottés, à plat ventre, et ses hommes debout, autour d'eux.

L'opération Marignan est terminée.

Le Mouël voit surgir des grands magasins du Louvre une figure connue, un ancien inspecteur de police passé dans le privé. Il est le responsable de la sécurité du magasin :

— Commissaire, qu'est-ce qui se passe ?

— On vient d'intercepter une équipe de braqueurs.

— Oh, merde… J'allais faire partir le fourgon avec toute la recette de Noël, je suis sûr qu'ils étaient là pour ça !

De retour au 36, la scène classique se déroule : les voitures de service passent le large vantail, rentrent dans la cour, les portières claquent, les voyous menottés montent le grand escalier du 36. L'Antigang remet sa prise aux inspecteurs de la Brigade de Voie Publique : désormais, ce n'est plus leur affaire, c'est la VP qui va établir la procédure, mener les interrogatoires et ficeler le dossier.

— Ça aussi, c'était unique : l'Antigang est un service « sans papiers », ce qui nous permettait de rester mobilisés, de sauter très vite sur une autre affaire, explique Le Mouël.

Le patron assiste tout de même au début de l'interrogatoire du Maréchal. Installé dans un des fauteuils de la VP, celui-ci est très calme. Après les formules d'usage : nom, prénom, adresse, lieu et date de naissance…, la question fatale vient sur le tapis :

— Ce jour, à 14 h 30, vous avez été interpellé place du Palais-Royal en possession de deux pistolets, à proximité de deux camionnettes de marque Renault volées. Qu'avez-vous à dire ?

— Monsieur l'inspecteur, c'est un effroyable malentendu. Figurez-vous que je suis allé dans un bar, il y a quelques jours. J'étais au comptoir et j'ai engagé la conversation avec un homme, un collectionneur d'armes. J'en possède quelques-unes, il était intéressé par un échange et nous avions rendez-vous pour faire affaire sur la place du Palais-Royal.

« Il est gonflé », se dit Le Mouël en sortant du bureau. Le patron se rend dans une autre pièce pour assister à l'interrogatoire de l'un des complices du Maréchal. À la même question, le voyou lance :

— Vous me dites m'avoir arrêté ce jour au Palais-Royal en possession d'un pistolet ? Je suis confus et je ne peux expliquer cette situation que par l'état d'ivresse dans lequel je me trouvais !

Cette fois, Le Mouël sort en réprimant un éclat de rire ! Il aura tout vu dans ce métier…

L'affaire du Maréchal fait date. Car la justice ne veut pas entendre parler d'une simple association de malfaiteurs et considère que les faits de tentative de vol à main armée sont suffisamment établis. Les avocats hurlent, exigent que leurs clients ne soient condamnés que pour port d'armes prohibé et recel de voitures volées. Le coup rate, la cour d'assises inflige de lourdes peines aux braqueurs du Palais-Royal. En 1970, la cour de cassation tranche : *« Les faits ainsi exposés, à les supposer établis, réunissent tous les éléments légaux du crime de tentative de vol qualifié, et notamment le commencement d'exécution caractérisé par des actes qui tendaient directement au crime avec intention de le commettre. »*

En langage courant : peu importe que le braquage ait lieu à partir du moment où les preuves sont assez solides pour affirmer que les voyous voulaient commettre une attaque.

C'est un tournant judiciaire et une victoire pour la méthode de l'Antigang. D'ailleurs, Le Mouël l'affirme :

— Cette affaire est si emblématique de notre travail, elle est la plus marquante pour moi !

La vie de l'Antigang continue. Le Mouël instaure une méthode, mais s'attache aussi à la décompression de ses hommes. Lorsque ceux-ci font la fête, il se joint à eux, admet le « dégagement » nécessaire à ces policiers soumis à une forte adrénaline sur le terrain. Ces soirées, en général bien arrosées, donnent lieu à quelques débordements. Le commissaire en sourit aujourd'hui :

— C'est une autre époque, il ne faut pas comparer. Aujourd'hui, l'alcool est banni du 36.

Un soir, l'un des membres de l'Antigang sort du quai des Orfèvres, passe devant la statue d'Henri IV sur le Pont-Neuf et se met en tête de tirer avec son arme sur le roi de bronze. La statue en a vu d'autres, mais le tireur y gagne un surnom : Ravaillac. Un autre soir de fiesta, avec la brigade criminelle, un des policiers jette une grenade d'exercice à plâtre dans le couloir. Le lendemain, Le Mouël en entend parler :

— Je n'étais pas à cette soirée mais le directeur m'a montré son hall recouvert de plâtre et m'a un peu disputé. Les gars ont tout nettoyé, fin de l'histoire.

Le patron de l'Antigang instaure une sortie annuelle sportive. Passionné de vélo, il emmène la brigade sur les routes de France : Paris-Rouen, Paris-Orléans, etc. Certains tentent d'échapper à la randonnée, prient pour qu'on ne leur dégote pas un vélo. Les inspecteurs se reconvertissent en commissaire… de course, comme Frédo Vénier. Lequel se fit un jour agonir d'insultes en se rendant compte en haut d'une côte particulièrement raide qu'il s'était trompé d'itinéraire !

— En fait, cette sortie était un prétexte à bien manger, à se retrouver ensemble et à rigoler. On n'avait pas un régime très diététique, c'était plutôt saucisson et vin rouge ! Une fois, on a fait Paris-Épernay. En arrivant au restaurant, j'ai annoncé : « Je paie le pinard. » Le patron a servi un « vin de pays ». Sauf que dans cette région le rouge est haut de gamme : j'ai payé une fortune !

Les bases de l'Antigang et de son esprit de corps sont posées pour longtemps. De nouveaux venus rejoignent la brigade, beaucoup ne la quitteront pas. Ainsi Roger Stella, un Corse opiniâtre. Entré en 1968, il y fera toute sa carrière jusqu'en 1993 :

— Je travaillais aux archives de la PJ mais je faisais du sport avec un inspecteur de la BRI, Yeprenian, et il m'a coopté. J'ai vu Élie Hallard puis le patron et c'était parti ! Il faut bien se rendre compte qu'à l'époque, Le Mouël, c'est un des seigneurs du 36, comme Ottavioli à la Crim' ou Le Taillanter (qui écrira beaucoup sur le sujet) à la Mondaine. Quand, à la radio, on entendait son indicatif, quand Z21 parlait, c'était silence radio, on écoutait l'Antigang au travail. Je me suis vite aperçu que nous avions une énorme aura, que dire : « je suis à la BRI », ça faisait un certain effet. Et cela alors que la Brigade n'avait que quelques années d'existence.

L'histoire est en marche, elle ne fait que commencer.

Un autre personnage rejoint l'Antigang en 1966, un an et demi après sa création. On peut parler de personnage tant ce policier a fait couler d'encre. C'est Lucien Aimé-Blanc, dit « Lulu » ou « Le Frisé ». Fin 1965, la brigade perd son second, Marcel Morin. Le pied-noir a fini sa période de commissaire adjoint ; il rejoint l'école pour passer « vrai commissaire » et doit quitter le 36. Le bruit se répand dans les couloirs, Le Mouël est en quête d'un adjoint ! Lucien Aimé-Blanc a alors trente ans[1], c'est un jeune commissaire prometteur. Après avoir failli atterrir aux RG (Renseignements Généraux), il est numéro 2 de la Brigade mondaine.

Mais cette équipe de policiers chargée de traquer le vice ou de l'encadrer est en pleine tourmente. En 1965, deux de ses policiers ont participé à l'enlèvement en plein Paris de l'opposant marocain Ben Barka. Du

1. Il est né en 1935.

coup, la Mondaine a été rabotée, soumise au feu roulant des médias. Son chef, André Simbille, est mis sur la touche, carrière brisée. Pierre Ottavioli, ex-numéro 2 de la Criminelle, est nommé à la tête de la célèbre brigade. Aimé-Blanc ne se sent pas à l'aise avec ce nouveau patron :

— Otta est sec et cassant, plus brutal, ça ne m'allait pas. L'ambiance à la Mondaine était exécrable après Ben Barka.

Lulu n'a aujourd'hui rien perdu de ce qui a fait sa légende : son accent marseillais, sa gouaille, son œil malicieux derrière ses lunettes.

— À l'époque, j'étais un peu plus naïf ! Le directeur du 36, Fernet, « Max le Menteur », a vite compris qu'avec Ottavioli, ça ne collait pas.

Fernet se met à la manœuvre, comme d'habitude :

— Je vous aurais bien pris comme secrétaire, mais avec votre accent cela n'ira pas ! Et si vous alliez voir du côté de l'Antigang puisque Morin va partir ?

Aimé-Blanc va donc frapper à la porte de Le Mouël et l'affaire se fait.

Peut-on imaginer un attelage aussi improbable que celui du Breton et du Marseillais ? Le Mouël est sec, rigoureux, sportif, mène une vie vouée à l'Antigang, même s'il se joint aux « dégagements » alcoolisés de ses hommes. Lucien est un fêtard, un homme de la nuit, il ne dédaigne pas la fréquentation des boîtes de voyous, excelle dans la manipulation des indics que François Le Mouël abhorre. Mais le courant passe et perdure :

— À l'Antigang, le numéro 2 est sur le terrain. Le Mouël avait tout créé et tout compris, il devait en tant que patron prendre de la hauteur.

Le duo fonctionne et lorsque le patron de l'Antigang quittera son poste pour démanteler la French Connection, il emmènera Aimé-Blanc dans ses bagages.

Mais ceci est une autre histoire.

IV

KIDNAPPING
CHEZ LES ROTHSCHILD

Le temps des expérimentations est terminé, l'Antigang est une brigade sur les rails, elle n'a plus à faire ses preuves. Le banditisme de la fin des années 1960 change, de nouvelles équipes apparaissent. La nouveauté ne se limite pas seulement aux nouveaux visages, les voyous se lancent dans des territoires peu explorés. En Italie, l'enlèvement fait fureur, pourquoi ne pas s'y risquer ? Il n'est pas question de se mêler de politique, de revendiquer une quelconque idéologie ; non, c'est le côté Mafia qui plaît aux truands : enlever une personnalité riche et faire payer la famille. C'est novateur, intelligent et lucratif. En quelques jours, c'est plié, quelques brèves conversations téléphoniques, des menaces, un rendez-vous et l'affaire est faite.

Théoriquement…

À la fin de l'année 1969, l'état-major de la PJ est informé d'un appel. C'est Guy de Rothschild ; le célèbre baron, roi du vin de Bordeaux et prince de la finance, s'alarme :

— Mon fils David m'a téléphoné ce matin, il me demande de lui apporter seul, d'urgence, 2 millions de francs. Je crains qu'il soit menacé.

Le commissaire Le Mouël se met vite d'accord avec Guy de Rothschild :

— Mes hommes vont vous suivre, ils prendront la mesure de la situation à distance. Mais ils n'interviendront pas tant que la vie de votre fils est en jeu.

Lucien Aimé-Blanc et l'inspecteur Feugasse prennent une voiture et filent avenue Raphaël ; d'autres autos suivent, à bonne distance. Ils voient le baron partir de son domicile muni d'un sac avec deux anses. Il se dirige vers l'appartement de son fils. Dix minutes plus tard, Aimé-Blanc voit sortir un curieux équipage : le baron avec le sac et un autre homme sont devant, le voyou est derrière, grimé, avec des gants de ménage roses et un revolver braqué sur eux. Les trois hommes se dirigent vers la Simca 1500 de Guy de Rothschild. La voiture démarre, l'Antigang suit.

— On avait une 4L, on s'est dit : s'ils prennent l'autoroute, on est marron ; il faudra prévenir les gendarmes.

La Renault 4 n'est pas de taille à se lancer dans une folle poursuite. Aimé-Blanc et Feugasse se rendent compte qu'ils sont seuls ; le reste du dispositif policier n'a pas suivi, perdu dans la circulation. La Simca se dirige vers la porte d'Auteuil, puis oblique vers le centre de Paris. Par leur liaison radio, les deux policiers apprennent que l'homme pris en otage avec le baron est le masseur du fils de l'homme d'affaires. Il se trouvait dans l'appartement lorsque le malfrat a réussi à entrer et a contraint David à téléphoner à son père. La voiture s'arrête, le masseur descend, va dans un magasin d'électroménager et en ressort avec un poste de radio.

Aimé-Blanc et sa « flèche[1] » ne peuvent que supposer que le ravisseur veut écouter les infos pour savoir s'il est recherché. Soudain, la voix de Max Fernet, le directeur du 36, résonne dans la 4L :

— Vous en êtes où ?

— On suit, il nous balade, c'est une histoire de fous. Il vient d'acheter une radio. On est vers le quai d'Orsay.

Un court silence, puis le patron de la PJ prend ses responsabilités.

— Intervenez ! Il n'est pas question qu'un type tout seul ridiculise l'Antigang !

La Simca est bloquée derrière un camion. Aimé-Blanc descend et se dirige vers la porte arrière gauche de la voiture, Feugasse prend la droite.

— J'ai vu que le loquet de la portière était baissé, j'ai mis un coup de la crosse de mon colt 38 dans la vitre, la balle est partie dans le toit, tout le monde s'est foutu à plat ventre, Feugasse a sorti le type. C'est un costaud, Feugasse, le gars a dérouillé, en quelques secondes il était par terre, maîtrisé.

Le malfaiteur trouve la méthode quelque peu brutale :

— Vous êtes des barbares !

— Oh, ta gueule !

Avec son rire rocailleux et son accent marseillais, Aimé-Blanc conclut :

— Le Baron a fait un beau chèque aux œuvres de la police, on a eu chacun trois bouteilles de Mouton-Rothschild. En fait, le voyou était juste un connard, il pensait faire un coup sans risque avec un 22 long rifle en main, un amateur.

---

1. Coéquipier.

C'était pourtant une première : dans les années qui suivront, l'Antigang devra faire face à des équipes de kidnappeurs autrement plus aguerris.

Dans la catégorie des personnages qui apparaissent et enrichissent le service de documentation de l'Antigang, une famille se distingue : les Zemmour. Ces quatre frères, juifs pieds-noirs rapatriés d'Algérie, sont bien décidés à se faire une place au soleil des voyous. Et pas n'importe laquelle, la première ! Théodore, Gilbert, William et Edgar s'installent Faubourg Montmartre. Il y avait au départ un cinquième Zemmour, Roland. Premier à tenter sa chance en métropole, il a été abattu en 1947. Et vengé en 1961, ce qui prouve que les frères ont mémoire et rancune. Les voyous se mettent dans la roue d'une autre famille, les Atlan. Ceux-ci perçoivent l'assurance : une protection « offerte » aux commerçants du quartier victimes des blousons noirs de l'époque. En 1965, les Atlan entrent en guerre contre un autre clan, celui des Perret. En deux assassinats, les seconds décapitent les premiers. L'Antigang assiste à l'un d'entre eux en direct. L'inspecteur Chauvin surveille un bistrot ; l'un des Perret en sort et va, à minuit, dans une pharmacie de Pigalle acheter une lime à ongles. Le Mouël se souvient :

— À l'époque, lorsqu'un truand achète une lime à ongles, c'est pour voler une voiture.

Gagné : Chauvin assiste au vol, suit à distance ; les voyous se garent près d'un bistrot, « Le Bon Coin ». Le policier fait le tour du pâté de maisons pour ne pas être repéré ; il arrive juste après le meurtre de Roger Atlan, abattu de douze balles dans sa voiture. L'Antigang donne les éléments à la Criminelle qui poursuit l'enquête.

Une place est à prendre ; les Zemmour se ruent sur l'aubaine, récupèrent la protection des boutiques, les filles, se posent en successeurs des Atlan. Héritiers jusque dans la guerre. Les Zemmour deviennent alors les Z dans l'argot du milieu et entament leur ascension avec un premier objectif : éliminer les Perret. Le Mouel et ses hommes comptent les coups.

— On avait vite compris que les Zemmour étaient très dangereux !

Dans la nuit du 27 au 28 janvier 1967, les Perret sont victimes d'un raid des Z : un mort, Ben Loulou dit « la Voltige » et un homme grièvement blessé. Une attaque en réponse à un autre guet-apens dirigé contre des hommes des Zemmour.

Au 36, la décision est prise dès le 28 au matin de lancer un grand coup de filet avant la contre-contre-attaque. Hors de question que cette guerre provoque un bain de sang. L'Antigang et la Criminelle attendent toute la journée en planque autour d'un immeuble appartenant à Clément Perret, à Fontenay-le-Fleury. À 22 h 30, les gangsters arrivent par petits groupes, les policiers interviennent ; dans la précipitation un des voyous balance toutes les armes dans le vide-ordures, aussitôt récupérées en bas par un inspecteur hilare. Les Perret sont éliminés, les Zemmour n'ont pas eu à finir le travail, la police s'en est chargée. Les frères sont eux assez malins pour avoir des alibis en béton. William et Edgar sont arrêtés quelques jours plus tard à la terrasse d'une brasserie du 14e arrondissement, conduits au 36. Les Zemmour paradent, protestent de leur innocence :

— Nous sommes d'honnêtes commerçants.

William apparaît comme le chef, le cerveau. Edgar est le fou furieux, le plus dangereux, incontrôlable. La

Crim' les entend ; les policiers aimeraient savoir où est Gilbert, le troisième frère, l'homme d'affaires. Celui-ci a préféré se mettre au vert. Quant à Théodore, le quatrième, il est propre, refuse de toucher au proxénétisme, au racket, a rompu avec la famille.

La garde à vue des deux Z ne donne rien. Les truands jurent sur la Torah qu'ils ne sont pour rien dans l'embuscade visant les Perret, produisent des alibis, parlent de séquestration policière. Il faut les relâcher. Edgar descend l'escalier du 36, se dirige vers sa voiture, un cabriolet Mercedes. Il remonte, furieux, se met à hurler sur un jeune inspecteur de la Crim' :

— Vous avez abîmé ma voiture, exprès ! Il y a des rayures, je vous préviens, je vais porter plainte. Vous savez combien ça coûte une Mercedes ? Avec votre salaire de merde…

De son bureau, François Le Mouël entend l'indignation du voyou ; il descend les quelques escaliers, plante son regard dans celui d'Edgar. Celui-ci fait la moue, méprisant, dans son costume voyant et son manteau de fourrure. Le commissaire n'hésite pas :

— Venez dans mon bureau !

Le Z suit le patron de l'Antigang. Jean Chauvin assiste à la scène, en témoin. Le Mouël est hors de lui.

— Tu te prends pour qui ? Tu n'es qu'un voyou, un proxénète, un maquereau ! Tu t'en prends à un jeune flic, tu te permets de le menacer ? Tu te crois où ?

Edgar ne dit rien, lèvres pincées, il laisse passer l'orage.

— Tu vas transmettre un message à ton frère Gilbert. Il est recherché, on va le choper, mais dis-lui bien que quand il verra l'Antigang, il commence par lever les mains, vite !

Le truand sort, blême, humilié.

— Il faisait moins le beau, là, le Edgar, dit le Breton aujourd'hui.

La guerre avec les Z est déclarée, elle va se poursuivre jusqu'au milieu des années 1970.

En 1969, un autre nom va marquer les policiers du 36 : Christian Jubin. L'homme est un de ces nouveaux visages d'un milieu qui change. Les braqueurs sont plus individualistes et poussent comme des champignons. En quelques mois, ils passent du vol à l'arraché, du petit détroussage, à l'attaque de banque. Jubin constitue une équipe qui braque trente banques en trois ans. Trois des cinq membres du groupe sont arrêtés par la PJ en octobre 1969. Les voyous donnent leur chef, affirmant ne connaître que son prénom : Christian. La BRI colle les morceaux du puzzle : un tuyau a informé l'Antigang qu'un dénommé Christian dirige une équipe spécialisée dans les attaques de banques. À ce prénom, ils accolent un nom, Jubin, et une adresse, 76 rue Blanche.

Le 5 novembre, Jubin entre dans un bar des Abbesses, « Le Gavroche », il est saoul. Derrière le bar se trouve Mireille, son fiancé Alain est là, il attend la fermeture. La patronne Nicole s'apprête à éteindre les lumières. Jubin a le regard d'un fou, il sort son revolver, s'amuse à faire rouler les balles sur le comptoir. Nicole lui lance :

— Bon, allez, vous avez trop bu, je ferme.

Jubin met en joue les trois personnes, force Mireille à se mettre à genoux et l'abat, il tue Alain, prend la caisse du bar. Nicole pense que sa dernière heure est arrivée, mais Jubin a d'autres projets. Il l'oblige à fermer le bar, hèle un taxi et l'emmène chez lui ; là, il la viole. Puis, très calme, il lui rend l'argent :

— Tu peux m'appeler Christian.

Il la laisse partir. Jubin ne s'est pas attaqué à n'importe qui : Nicole se nomme Attia, elle est la fille de Jo Attia, un grand nom du milieu, un ancien du Gang des Tractions avant de Pierrot le Fou ; on le surnomme le roi du non-lieu tant il excelle à glisser entre les mains de la justice. « Le Gavroche » étant son bar, Jubin se voit condamné à mort par le voyou qui lance des tueurs sur sa trace.

Les policiers du 36 s'engagent donc dans une course inédite. Il faut retrouver Jubin avant que les exécuteurs d'Attia le dénichent et l'abattent. Le dossier de Jubin est effrayant, l'homme est fou, il a été viré des commandos de Marine pour « troubles du comportement » ; en quelques minutes, il passe de la délicatesse à la sauvagerie. L'Antigang suit toutes les pistes, met sous surveillance la petite amie du tueur. Et, le 28 décembre, après une filature délicate, elle les emmène à Pontchartrain, à 35 km de Paris. Les Antigangs surgissent dans un restaurant, « l'Aubergade », où Jubin est tranquillement à table avec sa copine et un couple. Il ne bouge pas et se laisse arrêter sans résistance, il n'est même pas armé, il a laissé son arsenal dans sa voiture.

Trois ans plus tard, le nom de Jubin resurgira après une évasion spectaculaire et c'est encore l'Antigang qui se chargera de son cas.

Mais voici venir les années 1970, celles de la violence, des braqueurs, des enlèvements, du terrorisme.

V

UN CERTAIN ROBERT BROUSSARD

Nous ne nous rendons pas compte aujourd'hui de la violence des années 1970. Dans le sillage de mai 68, certains passent à l'action, des groupes terroristes se créent comme les GARI (Groupes d'Action Révolutionnaire Internationalistes) dans le sud de la France avec un nommé Jean-Marc Rouillan, futur leader d'Action Directe. Palestiniens de l'OLP, Japonais de l'Armée Rouge, Arméniens de l'Asala, accomplissent des actions spectaculaires en France : détournements d'avions, prises d'otages, attentats à l'explosif. De nouveaux noms apparaissent dans le banditisme : Jean-Charles Willoquet, Charles Bauer, François Besse, Jacques Mesrine.

L'Antigang change également : François Le Mouël est sur le départ. Après sept ans à la tête de la BRI, le Breton va relever un nouveau défi, celui de la lutte contre la drogue. Jusque-là, les stupéfiants ne sont pas une menace prise au sérieux par le ministère de l'Intérieur. Mais, en 1971, tout change. Si la consommation reste marginale, le trafic est bien réel, la France est montrée du doigt par les Américains. Le patron du Narcotic Bureau en Europe, John Cusack, se lâche dans une interview explosive : *« La France couvre les gros bonnets de la drogue. Ils sont à Marseille et nous les démasquerons. Ils sont très importants. Nous savons qu'ils traitent d'égal à égal avec la Mafia, peut-être même en position de force, car c'est à Marseille que se trouvent les labos et les meilleurs chimistes. »*

Le gouvernement français exige et obtient le rappel de Cusack aux États-Unis, mais le mal est fait. Les journaux embrayent, dénoncent le laxisme de la police, l'aveuglement du ministère de l'Intérieur. René Georges Querry, « Jo », ancien patron de la section des Stups de Paris en 1974, revient sur cette période :

— Quand j'ai pris les stups, le discours avait déjà évolué, mais on était longtemps resté sur la vision : la drogue, c'est un problème américain, la France n'est qu'un pays de transit.

Alors qu'aux États-Unis on compte les victimes par milliers, les consommateurs français sont peu nombreux encore. Le milieu répugne à toucher à la came autrement que pour l'exporter, la mode n'est pas à l'héroïne ni à la cocaïne, la France est clean et le gouvernement s'en lave les mains.

Les déclarations de Cusack changent la donne. Raymond Marcellin, le ministre de l'Intérieur, charge Max Fernet, qui vient d'abandonner son fauteuil de patron du 36 pour occuper celui de directeur central de la Police Judiciaire, de mettre tout en œuvre pour démanteler la French Connection. Fernet a un nom en tête : François Le Mouël. Le créateur de l'Antigang a le profil rêvé. Créateur de la police d'initiative, celle qui travaille en amont des délits, charismatique, énergique.

— Avant de faire ça, venez me voir, on discutera.

Le militaire retourne à son djebel, le brigadier reste dans son commissariat, mais la petite graine de la police est semée. En mars 1959, le lieutenant Broussard quitte l'uniforme, réintègre la vie civile.

Que faire ?

Va pour la police, mais à Paris, pas ailleurs. C'est ici que tout se passe, les plus belles affaires, les plus grands flics, les plus beaux voyous. Est-ce que le pape habite ailleurs qu'au Vatican ? Mais voilà, Paris c'est la PP – la préfecture de Police –, ses concours sont particuliers, épisodiques, on n'y rentre pas comme ça. Et, en 1959, on ne recrute pas. Qu'importe, Robert Broussard s'installe dans la capitale, trouve un boulot quelconque, et attend. En 1960, une fenêtre de tir est ouverte, un tout petit concours, pour le poste le plus bas, celui de commis aux écritures, stagiaire de surcroît. Broussard le réussit ; le 1er juillet, il pénètre dans le commissariat d'Argenteuil, il n'est pas policier mais garçon de bureau. Peu importe, il est dans la place, il observe et attend son heure. En 1961, autre concours, nouvelle réussite, il est enfin policier, très exactement OPA, Officier de police adjoint, juste entre le gardien de la paix et l'inspecteur.

De l'usage du concours comme ascenseur social : ce pourrait être un sujet de réflexion pour l'ENA, c'est en tout cas la voie de nombreux policiers. En 1969, le dernier examen est passé : l'entrée à l'école des commissaires de Saint-Cyr-au-Mont-d'Or, près de Lyon.

Les ténors de la police se succèdent pour donner des conférences. François Le Mouël se plie à l'exercice, il discute avec l'élève Broussard. Pour l'Antigang, Robert n'est pas un inconnu : en poste dans un commissariat parisien, la 1ère Brigade Territoriale, il a donné quelques bons tuyaux et permis l'arrestation d'une équipe de braqueurs.

— Ça a toujours été un bon flic, lâche Lucien Aimé-Blanc.

Le Mouël comprend que Robert Broussard brûle de rejoindre le 36 ; il lui glisse :

— Quand vous aurez fini l'école puis le stage d'un an, je vous prendrai avec moi. Aimé-Blanc va sans doute s'en aller pour diriger une autre brigade.

Broussard croit rêver ; il ne lui reste qu'un obstacle à franchir, sortir dans les premiers de l'école pour avoir le choix de son affectation, le 36.

Les deux hommes ne travailleront pas ensemble. Le Mouël part diriger la lutte anti-drogue, Aimé-Blanc le suit. Robert devient, comme prévu, après un an à la Brigade Criminelle, le numéro 2 de l'Antigang. C'est le début de sa légende, celle du flic le plus célèbre de France dans les années à venir.

VI

EN PREMIÈRE LIGNE

Les flics du 36 ont tous un avis lorsqu'on leur parle des chefs de service, des patrons des prestigieuses Brigades Centrales. Les réactions vont du coup d'œil entendu à la confidence vacharde, voire le règlement de compte, en passant par la sincère admiration. Un proverbe non officiel revient dans les conversations : « Avec un bon numéro deux et des chefs de groupes à la hauteur, un service de PJ fonctionne tout seul, même si le patron est nul. »

En novembre 1971, le nouveau patron de l'Antigang, successeur de son mythique fondateur, n'est pas mauvais, loin de là, mais il est très malade. Jean Sautereau est atteint d'un cancer, il l'apprend à peine nommé. Ancien numéro 2 de la Criminelle, Sautereau est un policier tout en rondeur, bonhomme, très humain. Il est le choix du directeur, Maurice Bouvier, une nomination logique dans l'esprit du 36. C'est un homme malade qui va diriger la BRI, absent, naviguant entre l'hôpital, son bureau et son appartement. Robert Broussard se retrouve donc en position de numéro un *bis*, dirigeant dans les faits l'Antigang. Le Charentais ne laisse pas de côté ce patron affaibli, il est en contact permanent avec lui, va le voir lorsqu'il est alité, au repos, épuisé par les traitements médicaux.

— Je suis devenu le patron de fait, ce n'était pas si simple. J'avais trente-cinq ans, je devais diriger des gens de caractère, qui ne me connaissaient pas ou en tout cas mal. Je n'étais au 36 que depuis un an et, Sautereau malade, je me glissais dans le fauteuil du légendaire Le Mouël. Or, Le Mouël avait neuf ans de plus que moi, une autorité naturelle, incontestable, l'Antigang était sa création.

Broussard, c'est un style, une apparence : il fume un peu, cigarillo ou pipe, porte un collier de barbe, un blouson. La barbe, il l'a laissée pousser après avoir réussi son concours de commissaire, c'était une promesse. Le blouson ? Il a aussi son histoire :

— C'était une banale veste de cuir marron, mais elle était à tel point indissociable de ma personne que si je ne la portais pas, les gars disaient : « Le patron n'a pas le blouson, qu'est-ce qui se passe ? » J'ai fini par l'avoir en permanence, le mettre par réflexe dans le coffre de la voiture, comme un fétiche.

Sur une prise d'otage, l'inspecteur Quemeneur s'est même inquiété :

— Le patron n'a pas le blouson, on va avoir une tuile !

— Je l'ai oublié, tu n'as qu'à me passer le tien, Quem'.

— Pas question, vous allez me le trouer !

Ce n'était plus un vêtement, mais un fétiche.

Qu'est-ce qu'un flic de légende ? La question n'est pas anodine, elle nous renvoie à une époque, celle d'avant le filtre de la communication, des « personnes autorisées à s'exprimer », de ceux qui parlent à la presse sans avoir vu quoi que ce soit. Le risque du dérapage est minimisé… Enfin, en théorie. Un Robert Broussard version XXIe siècle aurait-il le même impact ? Non, car le grand public ne le connaîtrait pas. D'ailleurs, les grands flics passent à la postérité en écrivant : le commissaire Guillaume (modèle du Maigret de Simenon), Roger Le Taillanter, Robert Broussard, Claude Cancès… Ils sont légion à avoir cédé au vertige de la page blanche.

La télévision fait irruption dans le monde judiciaire, il lui faut des gueules, des histoires. De plus, les hommes de pouvoir aiment détourner l'attention du public, surtout quand la police réussit un beau coup. C'est ce qui se passe le 18 août 1973 : après une délicate prise d'otages à Brest, le ministre de l'Intérieur Raymond Marcellin demande au « vice-patron » de l'Antigang de parler à la presse. Pas juste à *France-Soir* ou à la radio, non, en direct sur la deuxième chaîne dans le JT. C'est l'époque des grands conflits sociaux, de l'après-mai 68, les journaux tartinent à longueur de colonnes sur l'affaire Lip, un grand groupe horloger en grève où ouvriers et cadres se sont unis pour tenter l'autogestion de l'usine. Le gouvernement est ciblé, les manifestations devant l'usine de Besançon ont dégénéré en occupation sauvage et le ministre s'apprête à demander l'intervention des gardes mobiles. Marcellin est très clair :

— La presse nous bassine avec Lip, vous venez de faire un truc formidable, la France entière a suivi cette affaire minute par minute. Pendant qu'on parlera de Brest, on ne parlera plus des montres. Un chauffeur vous attend pour vous emmener à la télévision, vous avez juste le temps.

La machine était lancée : Broussard prend la lumière, selon une expression de cinéma. Sa carrure, sa barbe, son discours entrent dans la vie des Français… et des truands. L'un d'entre eux, un vieux cheval de retour qui aime larmoyer sur « le bon vieux temps », m'a expliqué :

— Être arrêté par l'Antigang, c'était la classe ! Mais si, en plus, tu te retrouvais face à Broussard, tu devenais un vrai caïd.

Être en première ligne, pour un rugbyman comme le commissaire, c'est presque une vocation. Une exposition qui suscite quelques commentaires pas toujours aimables, y compris au sein du quai des Orfèvres. « Il y en a que pour le barbu » ou « Broussard, c'est une diva ». C'est surtout parce qu'il fut sous les feux de l'actualité, dans une époque violente, que le commissaire Broussard devint l'archétype du super poulet.

— C'était la grande période des prises d'otages, la France entière suivait ces affaires qui parfois duraient deux ou trois jours. Les radios étaient en permanence sur le coup : flashs spéciaux, information en direct et « Broussard », « Broussard », « Broussard »… Il est même arrivé que l'on me cite alors que je n'étais pas là ! Ça aurait pu être un autre flic, mais voilà… C'est une affaire de circonstances, d'époque, de grande criminalité.

La presse a faim d'histoire, et ce sont les hommes qui font l'Histoire, comme le disait Joseph Kessel. Ce que confirme un ancien de *Détective*, le magazine des faits divers :

— Pour nous, Broussard, c'était un « crâne », comme un beau voyou pour les flics !

Un policier qui a démarré sa carrière au 36 dans ces années-là, et qui s'avoue « pas spécialement fan de Broussard », se montre très objectif :

— Il aimait les médias, il courait après les caméras, OK. Mais il ne faut pas oublier que grâce à lui l'Antigang avait des moyens et des résultats. Et puis il a toujours protégé ses gars, même quand la presse les a traités de cow-boys ou de tueurs ! Broussard, c'est aussi zéro demande de mutation durant sa période, ce n'est pas rien !

La période du commissaire correspond à un pic du grand banditisme, les voyous jouent aussi avec les médias, le terrorisme s'en mêle, les malfrats rivalisent d'imagination. Affaire d'époque, de chance, diront certains… Jo Querry, adjoint de Broussard entre 1978 et 1981, affirme qu'il s'agit de travail, d'investissement :

— Avec Robert, nous étions des moines-soldats. Pas le temps de décompresser, il fallait enchaîner les affaires. Si rien ne se passait, il était à cran, pénible. En revanche, dès que ça chauffait, il devenait zen, nous faisait une totale confiance.

Mais avant d'arriver à ce Broussard patron, il faut encore franchir quelques étapes. L'une d'elles prend sa source à Munich, durant les JO de 1972.

VII

LES ANTI-COMMANDOS

Les Jeux Olympiques de 1972 auraient dû être un symbole de pardon et de page tournée. Vingt-sept ans après la fin du régime nazi, l'Allemagne accueillait l'événement sportif le plus universel. Enfin, l'une des deux Allemagne, celle de l'Ouest. De plus, à Munich, la ville où Adolf Hitler a tenté une première fois de prendre le pouvoir en 1923.

121 nations, plus de 7000 athlètes. L'Afrique du Sud et la Rhodésie n'ont pas été invitées pour cause d'Apartheid.

Le 26 août, la flamme olympique jaillit.

Le handball, le judo et le tir à l'arc font leur apparition au programme.

Avec 99 médailles, l'Union Soviétique est le pays le plus titré.

L'Allemagne de l'Est bat sa voisine par 66 breloques à 40.

Le Suédois Ragnar Skanåker est le premier médaillé de ces jeux, au tir au pistolet.

Mais qui s'en souvient ?

Le 5 septembre 1972, tout cela a volé en éclats.

Un commando palestinien pénètre à 4 h 30 dans le village olympique. Celui-ci est peu protégé ; l'Allemagne de l'Ouest ne voulait pas rappeler par un important dispositif policier les JO de Berlin, en 1936. Les huit terroristes investissent l'appartement de la délégation israélienne, deux entraîneurs sont abattus, neuf personnes sont prises en otages, les autres parviennent à s'échapper. À partir de 5 heures, une journée de négociations s'entame, sous l'œil des caméras de télévision, les journalistes sportifs démontrant qu'ils sont avant tout reporters. Le monde entier suit l'affaire. Le commando « Septembre Noir » réclame la libération par Israël de 234 prisonniers palestiniens, ainsi que celle en Allemagne du couple Baader-Meinhof, les terroristes de la Fraction Armée Rouge. Pour Israël et pour la République Fédérale d'Allemagne, il n'est pas question de céder.

À 8 heures, la compétition d'hippisme débute.

On connaît la suite, le drame : dans la soirée, les terroristes et leurs otages montent dans deux hélicoptères pour gagner la base aérienne de l'Otan de Fürstenfeldbruck. Là, un Boeing 727 les attend, il doit les conduire en Égypte. C'est un piège, une tentative de sauvetage.

Le plan des forces allemandes est simple. Sous prétexte de faire inspecter l'avion, des policiers déguisés en pilotes neutraliseront une partie des terroristes. Les tireurs d'élite se chargeront du reste. Le renseignement, base de ce type d'intervention, est défaillant. Les policiers se rendent compte que le commando est composé de huit hommes et non de cinq, qu'ils sont lourdement armés.

À partir de là, tout tourne mal.

Les terroristes comprennent qu'il s'agit d'un traquenard.

À 23 heures, les tireurs reçoivent l'ordre d'ouvrir le feu ; ils n'ont pas d'équipement de vision nocturne, ne peuvent pas communiquer entre eux par radio et ne possèdent pas de lunettes de précision.

La fusillade va durer 1 heure 15. Lorsque les blindés arrivent, un des membres de Septembre Noir jette une grenade dans l'hélicoptère où se trouvent une partie des otages, il mitraille les pompiers qui tentent d'approcher. Dans le second hélicoptère, un terroriste abat les autres prisonniers.

À minuit trente, tout est fini. Les otages sont tous morts, cinq terroristes ont été tués, trois capturés, un policier est tombé.

Dix-sept morts.

Les Jeux reprennent au matin, en football la Hongrie bat la RFA par 4 à 1.

À Paris, l'affaire a été suivie avec angoisse, avec cette question en arrière-plan : et si cela se passait en France ? Le contexte international est tendu, les groupes terroristes ne reculent devant aucune action spectaculaire, la France est une alliée d'Israël. Le ministre de l'Intérieur Raymond Marcellin imagine le pire ; il réunit le préfet de police et le directeur général de la Police nationale dans son bureau, place Beauvau. Il pense particulièrement à Paris, la ville où une prise d'otages aurait le plus de retentissement. Le préfet de police, Jacques Lenoir, a une réponse très claire :

— Monsieur le Ministre, seule la BRI a vocation à intervenir dans ce type d'opération. Mais il faudrait plus de moyens.

Des propos confirmés par Robert Broussard lui aussi convoqué chez le ministre dès le lendemain, en l'absence de Sautereau, malade.

Le commissaire a encore en mémoire sa première prise d'otages : quelques mois plus tôt en avril 1972, Christian Jubin, le violeur meurtrier évoqué précédemment, a séquestré un juge d'instruction, sa secrétaire et son greffier. À quelques mètres du 36, quai des Orfèvres, au sein même du Palais de Justice de Paris. Les autorités ont cédé, Jubin et ses complices fuient avec les otages, l'Antigang doit abandonner la poursuite après un face à face tendu. Le bandit sera arrêté quelques jours plus tard par des gardiens de la paix après un vol de voiture. Parmi ces policiers, un homme se détache : Christian Lambert, futur membre de l'Antigang, futur préfet du 9-3, conseiller de Manuel Valls à l'Intérieur.

Marcellin n'hésite pas : l'Antigang va devenir une unité à géométrie variable, un être hybride. En cas de coup dur, la BRI se transformera en BAC, Brigade Anti-Commando. Mais cela demande un autre entraînement, une autre approche. Et de nouveaux hommes : pour ce type d'intervention, les policiers du 36 reçoivent le renfort de la Brigade des Gaz, une unité de la préfecture de police spécialisée dans le maniement des gaz incapacitants et autres fumigènes. Les moniteurs sportifs du CAPU (Centre d'Application de la Police en Uniforme) sont de la partie ; judokas, lutteurs, ils apportent leur science du corps à corps. Certains font de l'esprit, comme cet ex de l'Antigang qui préfère garder un anonymat sarcastique :

— Entre la Brigade des Gaz et le CAPU que l'on avait baptisé « ça pue », on était devenu les pétomanes du 36 !

Blague à part, Robert Broussard souligne un fait :

— C'est la première fois qu'une unité d'intervention est créée en France, on a précédé le GIGN de quelques mois !

En effet, le Groupement d'Intervention de la Gendarmerie Nationale est fondé en novembre 1973, avec le jeune lieutenant Prouteau comme fer de lance. Dès lors, police et gendarmerie vont entretenir une certaine rivalité, qui oscille selon que l'autorité administrative réclame l'intervention des militaires ou des policiers. En région, le Groupe d'Intervention de la Police Nationale (GIPN) ou le GIGN interviennent. Paris reste la chasse gardée du 36. Mais, en cas de grosse affaire, le ministère peut exiger l'intervention de cette fameuse BAC partout en France.

Cela ne va pas se faire sans heurts ; la Police nationale n'apprécie pas cette intrusion de l'Antigang sur son terrain. Un des anciens de l'OCRB (Office Central de Répression du Banditisme) s'en agace encore :

— J'étais en PJ à Nice, j'ai vu débouler la BAC sur une prise d'otages et à partir de ce moment-là on nous a dit : « C'est le 36 qui gère. » J'avais l'impression d'être un bouseux de shérif qui voit débouler le FBI. On l'a super mal pris, en clair le message était « laisser faire les pros, vous n'êtes pas à la hauteur ».

Mon interlocuteur emporté remue son café, puis soupire :

— Avec le recul, je me suis rendu compte que la bande de Broussard était dans le vrai. On n'aurait pas réussi, ils étaient entraînés, meilleurs… On n'était pas formés pour ça. En plus, il y avait eu la connerie du Chinois…

Le Chinois ? C'est Georges Nguyen Van Loc. Le commissaire, mort en 2008, crée en 1973 le premier groupe d'intervention de la PJ à Marseille. Mais, le 18 octobre 1973, le GIPN abat Danièle Cravenne, épouse du célèbre producteur Georges Cravenne, qui tentait de détourner un Boeing à l'aéroport de Marignane pour protester contre le film « pro-sioniste » *Rabbi Jacob* – produit par son mari. La mort de la jeune femme, psychologiquement très fragile, provoque la colère de certains médias qui dénoncent des « flics assassins » (*Libération*). L'affaire intervient alors que vient de se déclencher la guerre du Kippour entre Israël et l'Égypte.

— Le ministère de l'Intérieur s'est dit : « Avec l'Antigang-BAC, on a moins de risques »... On ne peut pas lui donner tort après cette affaire.

La création de cette « brigade de l'immédiat », selon les mots de Robert Broussard, entraîne quelques modifications. Recrutement, formation, matériel : tout est repensé. Tous les lundis, les policiers du 36 se retrouvent à Vincennes. Ils vont transpirer sous les ordres des moniteurs sportifs de la préfecture de Police, s'exercer à l'intervention dans toutes les circonstances.

Toutes les techniques d'action sont répétées, en appartement, dans la rue, en voiture, dans un avion... Autre nouveauté, les plus habiles deviennent des tireurs d'élite, reçoivent un équipement adéquat, notamment le fameux fusil FRF1 de l'armée française. Au début, la moitié des hommes est « transformable » en anticommando, puis ce sera la totalité.

— J'étais novice en la matière, mais mon passé militaire m'a aidé, j'avais été en commando en Algérie et on pouvait transposer certaines techniques. On est partis d'une feuille blanche, il n'y avait rien ! rappelle Robert Broussard.

Le commissaire ajoute :

— Tout est vraiment une question de circonstances : il venait d'y avoir le drame de Munich, le patron de l'Antigang Jean Sautereau était malade, les affaires de prise d'otages se sont enchaînées…

Action ! Le 17 août 1973, la BAC est chargée de sa première affaire, la fameuse prise d'otage de Brest. Pour la première fois, la scénographie se met en place : appels radio, arrivée en trombe au 36, cavalcade dans les couloirs, les tireurs d'élite prennent leur matériel, tout le monde s'équipe, Broussard répartit ses hommes, départ vers Vélizy ou Villacoublay pour embarquer dans un avion. L'exigeant numéro 2 veut qu'il ne s'écoule qu'une heure entre la mise en alerte et le décollage !

Ce jour-là, l'affaire fait grimacer tout le monde : deux braqueurs ont attaqué le Crédit Industriel de l'Ouest, tué un policier en tenue et se sont réfugiés dans le pavillon d'un couple de retraités. La dame, soixante et onze ans, est retenue ; son mari sorti faire les courses est fou d'angoisse devant la maison encerclée de policiers. Barricadés, armés, avec de l'eau et des vivres, les deux voyous ont de solides arguments. Ils exigent une voiture pour fuir avec leur otage.

L'histoire est la pierre angulaire, l'acte fondateur de cette unité anti-commando. Les seize hommes qui arrivent à Brest se retrouvent face à une situation inédite : entourés de journalistes, en proie à la curiosité des badauds, sous le feu des projecteurs. Chacun y va de son conseil, un homme propose même de faire intervenir son chien pour neutraliser les malfaiteurs ! Au moins ne sont-ils pas accueillis comme des intrus ; le représentant de la justice – le substitut – n'a qu'un mot à la bouche : l'assaut !

Autre léger détail, si les policiers ont bien été formés aux techniques d'intervention, la négociation n'a pas figuré au programme. Broussard doit donc improviser, apprendre sur le tas. Le malentendu est total : pour toute l'assemblée qui assiste à la prise d'otage, les flics de Paris sont venus foncer dans le tas. Hors de question ! Les autorités ont encore en mémoire la mutinerie de la prison de Clairvaux, où deux prisonniers, Buffet et Bontemps, ont exécuté un gardien et une infirmière dès le déclenchement de l'assaut.

Broussard négocie, les policiers notent chaque détail, chaque information. Deux jeunes femmes ont signalé la disparition de leurs maris : après recoupement, les anti-commandos comprennent que ce sont les deux braqueurs. L'un a des réactions imprévisibles, l'autre est capable de tout. Les deux possèdent un casier judiciaire éloquent. Le mari de l'otage prévient le commissaire :

— Ma femme est cardiaque, très malade, elle ne supportera pas une fuite en voiture !

La première prise de contact est brutale. Lorsque Broussard empoigne son mégaphone, deux balles sifflent au-dessus de sa tête. Bernard Pire, entré à l'Antigang en 1971, est surnommé l'acrobate de la brigade. En passant par le toit, il réussit à poser des micros. Les policiers peuvent ainsi suivre les déplacements des braqueurs.

La presse aussi, à l'affût du moindre fait et geste, puisque tout est retransmis en direct sur les radios[1]. Et lorsque les journaux télévisés montrent les images, la France découvre Broussard en action.

1. À l'époque, il n'y a que quatre stations.

Mais le soir tombe, rien ne se passe, commence une nuit blanche pour les policiers. Le seul contact avec les bandits se fait par l'intermédiaire de la vieille dame prise en otage.

Le lendemain matin, elle explique au commissaire que l'ultimatum est fixé au soir même à 23 heures :

— Le ministre de l'Intérieur doit annoncer sur France Inter qu'il assure leur impunité et leur sécurité, sinon ils me tueront !

Broussard est en contact constant avec Raymond Marcellin. Ce dernier, sachant qu'il doit laisser aux policiers la maîtrise des opérations, fait confiance aux hommes de terrain et n'intervient pas. Les exigences des ravisseurs courent sur les ondes ; l'un des deux lance :

— On a compris, ça va.

Ce sont les premiers mots adressés aux policiers, après 24 heures de siège. Lorsque l'homme demande un docteur, les forces de l'ordre comprennent que l'un des preneurs d'otage est blessé.

Il est 15 heures.

Les enregistrements montrent aussi une fissure entre les deux malfrats. Les policiers décident d'accentuer cette faille : l'un est breton, l'autre d'origine sicilienne. Un policier s'adresse au premier en breton, un autre parle italien, les deux bandits en viennent à se suspecter de double jeu… Mais cela suffira-t-il ?

Broussard reprend alors le haut-parleur :

— Je m'adresse à celui d'entre vous qui a tiré sur le policier lors du hold-up. Je lui demande d'assumer son geste, n'entraînez pas votre camarade dans une voie sans issue.

Aucune réponse.

— Nous reprendrons contact dans trois heures.

Le commissaire se tourne vers ses hommes :

— Il faut les laisser gamberger… et puis qu'on bouffe.

C'est grâce à un collègue en vacances dans la région que l'Antigang va dîner de crêpes sautées sur un réchaud posé à l'arrière d'un break.

À 21 h 30, la voix de Robert Broussard résonne, métallique, déformée par le mégaphone :

— Alors, on en est où ?

Le Sicilien répond :

— Vous savez ce qu'on veut.

À 22 h 35, le dialogue reprend, les policiers ont compris que cet Italien est sans doute le tueur de flic. Broussard sait qu'il ne faut pas le brusquer, qu'il pourrait commettre le pire. Le temps et la fatigue jouent en sa faveur :

— Je débutais comme négociateur, ne l'oubliez pas, dit aujourd'hui l'ancien commissaire.

Le Sicilien reprend la parole :

— François n'y est pour rien. Il y a deux solutions : ou vous me laissez partir, ou je me tire une balle dans la tête.

— Non, écoute-moi, accepte de te rendre, pour ta famille. Tu as su lutter, tu dois savoir perdre.

— Non, je ne retournerai pas en prison.

Un long silence s'installe, puis le braqueur reprend :

— Dans une demi-heure, vous aurez ma réponse… On ne fera pas de mal à la grand-mère.

Trente minutes d'attente, longues, étouffantes. Le printemps brestois n'a rien de doux, tout le monde est tendu, les reporters tentent de capter le moindre son, les radios suivent le dénouement en direct.

23 h 55, la voix du Sicilien se fait entendre une dernière fois :

— Assez causé.

Silence… puis un coup de feu claque et tout s'enchaîne. Broussard demande à l'otage de lui dire ce qui se passe :

— Il est mort, monsieur, il est mort et François est blessé.

— Dites-lui de jeter les armes par la fenêtre !

C'est la vieille dame qui le fait. Est-ce un piège ? Broussard décide d'y aller en douceur, pas question d'investir la maison en force. Il prend un homme avec lui, Roger Stella.

— Petit Roger, on y va.

« Petit Roger » se tourne vers son chef.

— Je rentre en premier, patron, vous avez deux enfants, moi, je suis célibataire.

— Je crois que mon amitié avec Stella est née ce jour-là, explique Broussard aujourd'hui.

Un homme gît par terre, la tête fracassée, l'autre est pâle, adossé au mur. C'est fini, il est un peu plus de minuit.

La BAC a réussi son examen d'entrée, le plus dur, celui du terrain.

L'otage est dans l'ambulance, choquée mais elle n'a jamais été maltraitée ; le braqueur survivant part vers l'hôpital. Le mari sourit à sa femme, serre la main du commissaire.

— Merci.

Robert Broussard me glisse aujourd'hui :

— Je n'ai jamais oublié cette poignée de main.

VIII

LES TEMPS CHANGENT

L'Antigang n'évolue pas seulement dans sa mission mais aussi dans sa géographie. Elle quitte ses locaux pour aller s'installer de l'autre côté du 36, quai des Orfèvres. Encore plus de couloirs, d'escaliers, pour enfin arriver sur deux étages bizarres, à proximité de la Brigade des Stupéfiants. Les Antigangs voisinent avec les antidrogues.

Broussard hérite d'un bureau où trônent encore des rayonnages et des livres : l'ancienne bibliothèque de la PJ. Dans ce 36 mal fichu, biscornu, qui lutte pour préserver son espace face aux velléités d'annexion du Palais de justice, les bureaux des patrons sont situés à l'étage en dessous de ceux de leurs subordonnés. Et puis il y a Fernande, la secrétaire historique de la Brigade, récupérée parce que son mauvais caractère et sa voix tonitruante et haut perchée s'accordaient mal à certains services plus feutrés.

— Je crois qu'on lui a tout fait, à cette chère Fernande, on lui braillait la chanson de Brassens, « Quand je vois Fernande, je b..., je b... ». Plus elle nous rembarrait, plus on en rajoutait, se souvient avec un sourire narquois Guy Chétard, un vieux de la vieille rentré à la BRI en 1973.

Plus tard, Claude Cancès, nommé patron, aura lui aussi affaire à la « Castafiore », son surnom officieux.

— Un jour, je me suis retrouvé à prendre le même bus qu'elle pour aller au 36, raconte-t-il. Du plus loin qu'elle m'a vu, elle m'a interpellé : « M'sieur Cancèèèèèèès »… Je ne savais plus où me mettre ! Je crois que je n'oublierai jamais sa voix !

En entrant dans la petite cour du 36, celle qui donne sur le quai de l'Horloge, les passants (avocats, policiers, magistrats et rares visiteurs) lèvent la tête et remarquent une étrange poutrelle métallique, un rail de chemin de fer qui sort du mur. Avec un peu de chance, ils pourraient assister à une scène quasi surréaliste : une sorte de bac métallique noir qui descend le long de la façade au bout d'une épaisse chaîne. C'est l'équipement de la Brigade, fusils, explosifs, protections, etc. Bernard Pire revoit la scène :

— Il n'y avait pas d'ascenseur au 36, les escaliers sont étroits, on avait trouvé cette solution pour descendre notre barda. Ça a dû être installé vers 1973. C'est P'tit Roger (Roger Stella) qui était à la manœuvre, il conduisait le camion et donc le chargeait. Un jour, on a même fait monter « Pépé » (l'inspecteur Mocquot) par la benne pour rigoler !

D'autres pensionnaires des locaux n'ont pas gardé un souvenir ému de cet ascenseur improvisé. Un avocat qui m'a fait visiter le Palais se souvient de son premier contact avec les lieux :

— La fenêtre d'où part cette machine infernale est au-dessus de la bibliothèque, un lieu superbe et historique. Un jour, j'étais jeune avocat, je vois ce truc tomber du ciel, passer devant les vitres, rempli à ras bord. J'ai eu peur, je me suis dit : « Ils vont tout casser avec cet engin. » En plus, on entend le bruit, cela surprend. Parfois, on a les policiers qui descendent en rappel, ce sont les joies de la cohabitation police-justice.

Mais il n'y a jamais eu d'incident et la caisse de l'Antigang frôle les murs depuis quarante ans.

En 1971, les stages de conduite rapide font leur apparition. L'inspecteur Pire fut l'un des premiers à s'initier aux joies du contre-braquage, du coup de volant maîtrisé.

— On avait touché des Renault 12 Gordini, des bagnoles rapides, incroyables. Mais, dans les virages, il fallait vraiment faire attention. De plus, en ville, elles se déréglaient tout le temps. Mais ça me changeait des voitures de service des brigades territoriales, trois véhicules pour cinquante flics, et pas vraiment des foudres de guerre.

Les voyous changent aussi. Oubliés les « historiques », comme ce vieux Corse qui entonne du Tino Rossi lorsqu'il est interrogé après un braquage. Le folklore est bien mort et enterré. Pourtant, l'Antigang vit encore quelques moments dignes des Tontons Flingueurs :

— Un jour, un voyou emprisonné demande à me voir, il dit avoir un renseignement à me donner, se souvient le commissaire Broussard. Avec Gérard Marlet, on va donc à Fresnes. Les matons[1] font une erreur d'aiguillage et on se retrouve au milieu de la sortie des

1. Gardiens.

prisonniers. Quatre ou cinq types s'avancent vers nous, dont un immense Black. Les gardiens sont morts de trouille, ils imaginent une prise d'otage, on n'en mène pas large. L'homme s'avance, me dit : « C'est toi Broussard ? » Puis il me lance : « Ce que tu as fait avec Willoquet[1], c'était gonflé, bravo. Je peux te serrer la main ? » J'ai dit OK. Le truand qui m'avait sollicité m'a lui refilé un tuyau sur une bande qui préparait un enlèvement d'enfant, expliquant : « Je ne supporte pas ça, ça me dégoûte. »

Avec un peu de fatalisme, l'emblématique commissaire ajoute :

— La scène dans la prison ? Je n'ose même pas imaginer comment cela tournerait aujourd'hui !

Pourtant, les voyous de ces années-là n'étaient pas tendres. Surarmés, l'un d'entre eux, Michel Ardouin[2], avait même hérité du surnom « Porte-Avions ». Violents, ils n'hésitent pas à tirer pour se sortir de situations compliquées, au mépris de l'environnement. Prises d'otages pour couvrir leur fuite, fusillade avec la police, le nouveau banditisme est arrivé. Mais rien de neuf, finalement, car Émile Buisson, Pierrot le Fou, ou autres joyeux excités de la gâchette ne faisaient pas dans la dentelle dans les années 1940-1950. Mais ils étaient des exceptions, tellement brûlés au sein du Milieu, qu'ils ne pouvaient compter que sur eux-mêmes. Un vieux voyou – quatre-vingt quatorze ans – qui a connu cette époque m'a confié :

1. Célèbre truand dont l'arrestation spectaculaire fit la une des journaux.

2. Mort en 2014.

— On n'a jamais eu de morale, mais un type qui flingue pour un rien est un danger pour tout le monde : ses amis comme ses ennemis.

Au début des années 1970, pas mal de truands prêts à tout émergent. Ils ne viennent pas du milieu traditionnel, montent des équipes et vont braquer. Ils ont un point commun, contrairement à la majorité de leurs prédécesseurs pour qui les policiers ne sont pas des ennemis juste un mal nécessaire : la haine des flics.

Et s'il n'y avait que cela... Les terroristes se mêlent à la fête. Jo Querry, commissaire à l'Antigang entre 1978 et 1983 (adjoint puis patron), en a encore quelques souvenirs « émus » :

— D'abord, en terme de filature, le terroriste est ce qu'il y a de pire : il fait trois fois le tour du quartier pour aller pisser, il est en permanence aux aguets. Ensuite, en intervention, on ne sait jamais ce qu'il va faire, il n'a pas les mêmes ressorts que le bandit, il est plus déterminé, va jusqu'au bout.

L'Antigang affronte donc les mouvements gauchistes durs qui émergent dans le sillage de la bande à Baader ou des Brigades Rouges. Le terrorisme du Proche-Orient surgit : la prise d'otages de l'ambassade d'Arabie Saoudite à Paris par un commando de fedayins, le 5 septembre 1973, est une première. Un an après la tuerie de Munich, c'est en France que le combat des Palestiniens s'exporte. Les otages sont relâchés, mais les membres du commando obtiennent un avion et s'envolent. Demi-victoire...

La Brigade Anti-Commando va intervenir à l'étranger, à La Haye aux Pays-Bas, lorsqu'un groupe de l'Armée Rouge japonaise investit l'Ambassade de France et prend en otages onze personnes, le 13 septembre 1974.

Décidément, le mois de septembre est maudit !

Mais quittons un instant le monde chatoyant du terrorisme pour évoquer celui qui reste pour la plupart d'entre nous la figure de l'Ennemi Public Numéro 1.

Jacques Mesrine.

IX

MESRINE ACTE I

Pour entrer dans l'histoire, un personnage, une armée, une bande, doit avoir un ennemi. Et un redoutable, le Yin contre le Yang. Il peut être totalement ignoble, repoussant, sans morale ni pitié, ou plus ambigu, jouant un personnage, se drapant dans un combat. Pour l'Antigang, cet ennemi porte à jamais le nom de Jacques Mesrine.

Sa trajectoire a été popularisée, scénarisée, discutée, disséquée et même admirée. Prises de position, défis lancés à la police et à la société, mort violente : tout est réuni pour faire de ce truand un personnage hors norme, digne d'une tragédie où l'acte final ne peut être qu'un rendez-vous avec la mort.

La première rencontre entre l'Antigang et Jacques Mesrine a lieu le 8 mars 1973. La brigade n'est là qu'en appui, c'est le Service Régional de Police Judiciaire de Versailles qui interpelle le voyou. Les bras encombrés par les courses qu'il vient de faire, il ne peut réagir et se laisse arrêter, un petit sourire narquois aux lèvres. Son casier judiciaire est bien chargé, mais il n'est pas encore l'ennemi public numéro 1... Patience, cela ne va pas tarder.

En 1973, Jacques Mesrine est un malfrat presque ordinaire.

Né en 1936. Scolarité chaotique, puis guerre d'Algérie où il découvre le baroud, l'odeur du sang. De retour, il choisit sa voie : cambriolages et hold-up. La prison l'attend, en 1961, sa première peine, le Brevet d'Études du malfrat, le dépucelage. À sa sortie, il se range, un peu. Père de deux enfants, il entre dans le cycle métro boulot dodo, regarde ses petits grandir, va au cinéma.

En 1964, il perd son emploi et redevient braqueur-cambrioleur, un peu partout, en Suisse, en Belgique, en Espagne. Séparé de sa femme, il part pour le Canada avec Janou, Jeanne Schneider. Il y expérimente un mode opératoire lucratif : le chantage à la vie. Le couple enlève un milliardaire et ne le relâche que contre une forte rançon. L'affaire échoue, ils sont arrêtés aux États-Unis. Retour au Canada, dans un pénitencier. Première évasion, la légende de Mister Jack – son surnom dans la presse québécoise – commence à enfler. Il est repris, transféré dans un autre établissement réservé aux criminels dangereux.

Outre que cela flatte son ego déjà bien dimensionné, Mesrine n'est pas plus impressionné par le lieu et s'évade de nouveau. Lors de sa cavale au Canada, il abat deux gardes forestiers avec un complice. Il n'a pas fait que se défendre, il aurait suffi de les mettre en joue et de les immobiliser. Non, le duo tire et Mesrine les achève de deux balles dans la tête. Le pays est sous le choc, d'autant plus que le Français a attaqué, avec un petit commando, le pénitencier où était détenue sa compagne, Janou. L'échec fut au rendez-vous, mais le voyou y a gagné en réputation de trompe-la-mort un brin chevaleresque : le preux bandit qui veut arracher sa belle aux mains des geôliers, rien que ça ! Retour à Paris, attaques de banques, c'est la vie de nantis : fourrure pour Jocelyne, sa nouvelle compagne, voiture puissante pour lui, hôtels, champagne.

Voilà Jacques Mesrine arrêté par le commissaire Tourre de la PJ de Versailles, sous les yeux des hommes de Robert Broussard. Un malfrat avec du panache, mais pas une légende, juste un dossier ordinaire dans le fichier du banditisme. Comme ses écrits[1] le prouveront un peu plus tard, Mesrine se voit en tueur froid, en mâle dominant, en chasseur. S'il façonne son personnage, il lui manque encore un petit quelque chose, une histoire qui ferait le bonheur des journalistes.

Changement de planète quelques mois plus tard : le 6 juin 1973, en pleine audience au tribunal de Compiègne, Jacques Mesrine se dresse dans le box des accusés et brandit un revolver :

— Ne bougez pas ou je tue le juge !

Puis il sort en serrant le magistrat contre lui, comme un bouclier. Une voiture l'attend, il vise un gendarme, et s'enfuit ; évasion accomplie. Cette fois-ci, il les a, ses gros titres et ses premières pages. Les quotidiens racontent la manœuvre incroyable pour se procurer l'arme déposée dans les toilettes du Palais de justice, les coups de feu, le sang-froid et l'intelligence du truand. La légende est en marche, Mesrine va tout faire pour la

1. *L'Instinct de mort*, 1977.

polir, ajouter des pages, en faire un roman-feuilleton haletant.

Le 27 septembre 1973, les policiers de la première Brigade territoriale – une unité enviée qui couvre les beaux quartiers – se lancent à la poursuite des auteurs d'un braquage à la BNP de l'avenue de Villiers dans le 17e arrondissement. Leur Renault 16 est repérée vers Barbès, un gardien de la paix s'avance, la voiture est garée devant une banque, moteur allumé : l'équipe est en train de perpétrer un second braquage !

Sous prétexte de pneus lisses, le policier demande les papiers et se jette sur le conducteur. Les bandits sortent de la banque et fuient à pied. Course-poursuite dans le 18e : rue Marcadet, rue Labat, rue Léon… Une voiture qui passe est immobilisée, le conducteur éjecté, les policiers arrivent ; des coups de feu claquent, en plein jour ; les balles sifflent, se perdent, l'une effleure une commerçante. Au 11,43, un calibre impressionnant, les malfaiteurs parviennent à se dégager !

Pas de mort, juste quelques éraflures et une peur rétrospective pour la Police Judiciaire. Mais aussi une énorme pression. Le patron de la 1re BT, Marcel Leclerc, décide de se concentrer sur le seul atout dont il dispose : le chauffeur de la R16 arrêté. L'individu est un pauvre type, un demi-sel, qui ne sait pas grand-chose. Il a connu un certain Richard, un rouquin, as du déguisement, dont la copine parle avec l'accent canadien ! Les policiers se regardent : Mesrine ! D'autant plus lorsqu'un détail sur l'un des autres voyous est balancé :

— Richard m'a présenté Michel en disant : « c'est mon porte-avions ! »

Michel Ardouin, 100 kg de détermination, si puissamment calibré qu'il gagne – on l'a vu – ce surnom de Porte-Avions. L'homme soupçonné d'avoir introduit le pistolet dans le palais de justice de Compiègne est l'un des associés de Mesrine ! Donc, plus de doute, le fuyard a agi. Mais il faut maintenant loger le fameux Jacques.

Problème, l'homme qui balance Mesrine est un provincial et il ne connaît pas Paris ; il est juste venu pour un petit braquage vite fait. Après une promenade dans la capitale, en se repérant sur quelques détails entrevus, le complice finit par désigner un immeuble, au 82, rue Vergniaud, dans le 13e. Leclerc sait que Mesrine est dangereux, qu'il n'hésitera pas à tirer. Aussi une rapide enquête de voisinage s'impose, qui permet de situer l'appartement du braqueur. Leclerc met en place ses équipes pour surveiller l'immeuble et informe le directeur du 36, quai des Orfèvres :

— On a localisé Mesrine, c'est lui qui a braqué la BNP, ce matin.

Maurice Bouvier est d'abord dubitatif, puis il mobilise la Brigade Antigang pour l'intervention. La fameuse Brigade des Gaz l'accompagne, avec son arsenal de grenades lacrymogènes, incapacitantes et autres… La BRI a même sorti le « sarcophage », un bouclier de métal avec une fenêtre derrière lequel progressent les policiers pour approcher d'une porte sans risque. Enfin, en théorie, comme se souvient Jean-Marc Bloch, futur patron de l'Antigang :

— La première fois qu'on a sorti le sarcophage, la première balle l'a troué ! On a fait demi-tour fissa et on a fait rectifier le système !

À 20 heures, Broussard et ses hommes s'avancent dans le couloir et s'approchent de la porte.

— Police Judiciaire, ouvrez, vous êtes cerné !

Des cris, des menaces fusent :

— J'ai déjà tué, vous ne me faites pas peur !

Planqué derrière son sarcophage, un policier attaque la porte au pied de biche.

— Savez-vous à qui vous avez affaire ?

Broussard ne se démonte pas : l'homme n'a pas d'otage, il est dangereux, certes, mais bien coincé.

— Tu es Jacques Mesrine, tu vas mettre les mains sur la tête et te rendre.

— Et toi, tu es qui ?

— Robert Broussard.

— C'est toi qui étais à Brest l'autre jour ?

— Oui.

— Eh bien, ta psychologie, tu peux te la mettre là où je pense, je n'ai rien à perdre, tu entends !

Mesrine hurle, déplace des meubles, fait bruyamment jouer la culasse de son arme.

— Ici, c'est bourré d'explosifs, on va tous sauter !

Le commissaire tente de le raisonner, mais l'autre rétorque :

— Ça ne prend pas ton baratin ! Au fait, comment m'as-tu retrouvé ?

— L'enquête, mon vieux, l'enquête.

— Et qui me prouve que tu es bien Broussard ? Glisse ta carte de flic sous la porte.

— C'est ça, et tu m'envoies un pruneau à travers la porte !

— Tu peux en faire autant quand je me baisserai pour la récupérer.

— OK, je la passe et on ne tire pas, d'accord ?

— Parole !

Bien sûr, Robert Broussard ne glisse pas sa carte de la Préfecture de Police, Service de Police Judiciaire,

36, quai des Orfèvres, mais sa carte d'identité. Le carton passe sous la porte, le policier est accroupi, la tension extrême. La carte est happée, on peut presque entendre le souffle de Mesrine.

Puis, à nouveau, un glissement, la carte revient, avec un morceau de papier journal, un article de *France-Soir* relatant une affaire de l'Antigang avec une photo de Broussard. Quelques mots sont griffonnés : *C'est bien toi, félicitations !* Signé : *Mesrine.*

— J'ai toujours cet « autographe », raconte aujourd'hui Robert Broussard.

Le truand glose alors sur le fait que le flic et lui sont du même âge, tous les deux nés en 1936. Broussard lui dit qu'ils auraient pu être ensemble en Algérie, frères d'armes, mais là ils se retrouvent face à face. Les conversations mondaines ayant toujours une fin, Mesrine exige vingt minutes avant de se rendre. Broussard lui en accorde dix.

Le truand s'énerve. Dans le couloir, les hommes de l'Antigang sont tendus, Bernard Pire, « P'tit Roger » Stella, Objois, Caillot. Une odeur de brûlé envahit soudain les lieux. Broussard comprend que Mesrine brûle quelques papiers compromettants. Quand le truand menace de nouveau de tout faire sauter, le commissaire monte le ton et siffle la fin du match.

Alors Mesrine ose une dernière bravade :

— On dit que tu es un dur de dur.

— Tu n'es pas mal non plus dans ton genre.

— Tu sais que ça m'emmerde de me rendre ?

— Je m'en doute.

— Serais-tu capable de te présenter seul sans arme et sans gilet pare-balles ?

— Quand tu veux ! Et toi, tu es capable de sortir sans arme ?

— Je suis tout aussi courageux que toi ! Je voudrais que tu gagnes cette arrestation en prenant un risque personnel.

Tope là ! Sans aucune autre garantie que la parole donnée, le truand et le flic mettent en scène l'arrestation la plus légendaire possible.

Les policiers reculent ; ils savent que la situation est maîtrisée, que seule une erreur, un peu trop de nervosité de leur part, pourrait entraîner une bavure. Alors ils laissent le champ libre à leur chef. Bras écartés, le célèbre blouson bien ouvert, le commissaire se trouve face à la porte.

Elle s'ouvre.

Mesrine est là ; il domine Robert Broussard. Un énorme cigare à la bouche, il tend ses poignets :

— Ça a de la gueule une arrestation pareille, non ?

Puis il tourne la tête vers le fond de l'appartement :

— Fifille, du champagne pour ces messieurs, ce sont des flics, des vrais.

« Fifille » s'exécute, le ballet est bien réglé. Et c'est un procureur et un sous-directeur de la PJ médusés qui arrivent dans l'appartement en « état de siège » selon les radios, pour découvrir le truand en train de sabler le champagne avec l'Antigang.

— Une petite coupe, le « Proc » ?

D'un signe clair, le magistrat refuse de trinquer avec le voyou.

Pistolets, mitraillettes, grenades, masques à gaz, fumigènes… Un véritable arsenal est découvert dans l'appartement.

Le commissaire Leclerc est félicité pour son enquête, Broussard pour son intervention. Il est 20 h 45, trois quarts d'heure se sont écoulés depuis le « Police, vous êtes cerné » initial.

Mesrine pensait aller au 36 ; il est déçu lorsqu'il découvre les locaux de la 1ère Brigade territoriale. Mais il va afficher un sourire satisfait en voyant son portrait à la une des journaux : les journalistes rappellent ses faits d'armes, glosent sur l'arrestation au champagne ; l'un écrit même : « Broussard a trouvé un adversaire à sa mesure. »

Les deux hommes auront un ultime tête-à-tête durant lequel Mesrine se montre comme toujours provocateur, flamboyant, avide de formules :

— Je voulais te voir, c'est normal de saluer les amis quand on part en voyage. Et puis je veux te faire part de mes projets : je me donne deux ou trois ans maximum pour réussir la belle[1], sinon je me fous en l'air.

Un silence, puis il enchaîne :

— Tu vois, je t'aime bien et je te respecte, mais la prochaine fois il n'y aura pas de champagne et on sera obligés de se tirer sur la gueule.

Broussard sourit, puis laisse le truand. Celui-ci va gagner les murs du quartier de haute sécurité (QHS) de la prison de la Santé. Le commissaire sait que Mesrine tiendra parole, qu'il le retrouvera sur sa route. Tout n'est qu'une question de temps avec ce personnage complexe, amoureux de son image, aussi violent et dangereux qu'intelligent et jouant de son charme.

Le rendez-vous est pris, l'histoire en marche.

À suivre donc.

1. S'évader.

X

UN PETIT KIDNAPPING VITE FAIT ?

Régulièrement, au fil de l'augmentation des abonnés téléphoniques, la numérotation change : les plus anciens se souviennent des indicatifs du style ELYsées 05-22, puis de l'époque où on est passé à 6 chiffres, ensuite à 8 avec deux en option selon la région appelée, et enfin à nos 10 chiffres actuels.

Pour les indicatifs, les codes de police, il en est de même. Le commissaire Bizeul, chef d'état-major au 36, bouleverse la hiérarchie des anciens codes radio. Oublié le Z21 des années Le Mouël, désormais l'indicatif de l'Antigang sera « topaze » ! La BRB hérite de « rubis », la Criminelle de « cristal » ; quant au directeur, il est « domino ».

Ainsi naît ce que Robert Broussard baptise « la confrérie des topazes ».

— Dans les faits, en opération, on entendait plutôt les chiffres : 106 pour le patron, 107 pour le numéro 2, etc. Mais quand la radio balançait un impératif : « À tous les topazes, rendez-vous immédiatement au 36 », on savait qu'il allait y avoir un gros truc pour nous, raconte Jo Querry, entré à la Brigade en 1978.

C'est un changement de gouvernance que la BRI va connaître. Le 29 octobre 1974, le cancer finit sa sale besogne. Jean Sautereau, patron absent mais si humain de l'Antigang, meurt. Tous les regards se tournent vers Robert Broussard. Il est depuis le début un numéro 1 *bis* ayant parfaitement rempli sa mission, il serait logique qu'il succède à celui qu'il a tant de fois suppléé.

C'est mal connaître les arcanes de l'institution policière : Robert Broussard est trop jeune dans le grade de commissaire. De plus, il n'est « que » simple commissaire, ni principal ni divisionnaire : il n'a pas le bon statut. Le vainqueur sera donc… Marcel Leclerc, patron de la 1ère BT, celui-là même qui a « logé » Mesrine lors de l'épisode précédent.

Leclerc est un homme froid, austère, d'une rigueur quasi monacale. Cinglant, mordant, il a la dent dure et n'hésite pas à affronter ses supérieurs. Avant d'avoir le commandement de sa BT, il est passé par la Brigade criminelle, donc voilà un homme pour qui les détails les plus infimes ont leur importance. Il n'est pas le seul à aller de la Crim' à l'Antigang, mais la question se pose : comment un juriste, possesseur d'un doctorat, entré dans la police par vocation, va-t-il passer de la « Brigade des Costumes[1] » aux « jean-baskets » de l'Antigang ? La Brigade Criminelle est le fleuron de la police d'enquête ; elle est patiente, prend son temps, ferme toutes les portes. L'Antigang, la BRI, est le plus pur joyau de la police d'initiative : elle traque, met la même

1. Surnom de la Crim'.

rigueur à rechercher son gibier, à l'observer, à attendre parfois en vain qu'il bouge.

Deux polices, deux univers, mais Leclerc n'entre pas comme numéro 2, il est le patron. Un chef qui laisse le terrain à son adjoint. Lui conserve la cravate, devient celui qui doit assumer des décisions difficiles, ordonner l'arrêt d'une surveillance quitte à apprendre que les malfaiteurs ont fini par frapper, couvrir les hommes d'action, expliquer pourquoi il n'était pas possible d'intervenir ou pourquoi telle opération a échoué. Un rôle politique ingrat où il faut faire preuve d'habileté.

Leclerc-Broussard, en vérité les deux hommes se complètent. Il y aura des frictions, comme dans tous les tandems exécutifs. Car Leclerc qui aime aussi la lumière des caméras s'agace parfois que Broussard l'occupe un peu trop. Avec le recul, ce dernier se rend compte que la gestion de l'Antigang, la double casquette de patron et second qu'il a enfilée durant la maladie de Sautereau, étaient bien lourdes. Aujourd'hui, il affirme :

— J'ai pu souffler un peu, j'ai eu moins de poids sur les épaules.

Le 6 décembre 1974, Marcel Leclerc monte l'escalier du 36. Il a un petit pincement au cœur en passant à l'étage de la Crim', puis il se dirige vers le quatrième où son bureau l'attend. Dans son livre de souvenirs [1], il se souvient de l'accueil chaleureux qui lui est réservé. Broussard lui fait visiter les locaux, lui présente toute l'équipe.

Plusieurs affaires vont marquer son passage à l'Antigang : la fusillade du Thélème, la prise d'otages de la

1. Voir la bibliographie en fin d'ouvrage.

place de la République, le guet-apens de l'ambassade d'Irak, les Zemmour, l'enlèvement du baron Empain…

Justement, parlons des enlèvements : c'est le dernier mode opératoire en vogue en ce début des années 1970. Des équipes de voyous organisent le rapt d'une personnalité du monde des affaires, exigent une rançon, camouflant parfois leur appartenance bandistique sous un fumeux communiqué de revendications aux allures de groupuscule gauchiste. Une manière de semer la confusion qui ne tient pas, la police comprenant rapidement que tout cela relève du banditisme et non du terrorisme.

Pour les contrer, le patron de la Criminelle de l'époque, Pierre Ottavioli, en charge de ce type d'affaires, a élaboré une stratégie très ferme et habile : pister la rançon, se substituer à ceux qui la remettent et intervenir. Pour lui, les truands iraient chercher l'argent jusque dans la gueule du loup. Il choisit l'Antigang comme force de frappe, la Crim' restant en charge de l'enquête proprement dite.

La symbiose Ottavioli-Leclerc, puis Ottavioli-Broussard, va fonctionner à plein régime : les rapts de Louis Hazan, PDG des disques Phonogram, de Édouard-Jean Empain, le président du groupe Schneider, vont échouer, « tués » par le 36. Ottavioli confiera :

— Contre l'alliance de la Crim' et de l'Antigang, il faudrait une armée de voyous !

C'est en avril 1977 que démarre l'enquête la plus emblématique du travail de la BRI. Jamais peut-être la Brigade de Recherche et d'Intervention n'aura autant mérité son nom. Quatre mois de filatures, de surveillance, de travail d'arrache-pied, pour une intervention éclair, une complète réussite.

L'affaire Mallet.

À une lettre près, on aurait pu avoir un double Mallet, puisque c'est l'inspecteur Marlet qui a mené le travail ayant abouti à la délivrance du banquier Mallet.

Honni soit qui Mallet pense !

Un soir d'avril 1977, le groupe de l'inspecteur Gérard Marlet surveille un bar du haut de la place de Clichy, un repaire de voyous fréquenté par une bande de casseurs que voulait agrafer la Brigade. À une heure du matin, un homme sort, le pas mal assuré de ceux qui en tiennent une bonne. Christian Lambert détronche[1] le quidam :

— Gégé, on dirait le Belge ?

Gérard Marlet a un coup au cœur : le Belge (qui n'a rien à voir avec le truand Francis le Belge) est bien à Paris. Il avait obtenu un tuyau par un indic sans avoir pu le confirmer. Il sort de la voiture, croise « inopinément » l'homme, puis revient vers son véhicule.

— C'est lui, on le suit.

Le Belge a gagné ce surnom parce qu'il réside en Belgique et conduit une Audi immatriculée dans le plat pays. C'est surtout un complice de François Tortosa, malfrat soupçonné (mais jamais incriminé) avec son frère d'avoir commandité l'enlèvement de Guy Thodoroff, le PDG de SAAB-France, la marque automobile suédoise morte depuis au panthéon des voitures de légendes. Si l'homme a déserté sa Belgique, c'est qu'il vient préparer un coup, sans doute avec ses comparses habituels. La filature s'engage, le Belge récupère son Audi rue Caulaincourt, puis file vers la porte Maillot.

— Ne me dis pas qu'il cherche une pute ?

1. Reconnaît.

La voiture roule au pas, s'arrête, une amazone du trottoir embarque. Pendant que le Belge assume ses appétits sexuels, l'Antigang patiente. Enfin, les sièges se relèvent, le malfrat largue sa « copine », et file sur un rythme plus soutenu.

— Il va nous balader longtemps ?

L'Audi s'engage dans une rue en sens interdit. Marlet avise deux motards au bout de la rue, des flics. Il double le Belge, aborde les motards, il faut faire vite : s'ils le font souffler et l'embarquent, la filature est cassée. Or, Marlet veut loger le voyou.

— BRI ! Vous attrapez le type avec l'Audi. Pas de zèle, il est bourré, vous lui conseillez de rentrer chez lui, OK ? Si ses papiers sont bidon, vous relevez le nom, ça pourra nous servir. Merci, les gars.

— Oui, monsieur l'inspecteur.

Aussitôt dit, aussitôt fait. La filature s'en trouve écourtée, le truand habite rue de la Tourelle à Boulogne. Les « beaux mecs » vivent rarement dans les quartiers sordides. Voici venu le temps de la surveillance. Toute la nuit, la BRI se relaie. Au matin, un homme sort : François Tortosa. Bingo !

Si la Crim' est spécialisée dans l'enquête de voisinage et l'interrogatoire des concierges, l'Antigang a toujours eu pour consigne de ne pas s'approcher de l'entourage de ses cibles. Lors de la création de la Brigade, François Le Mouël avait été catégorique :

— On ne demande rien aux voisins et aux gardiens. Si le truand est malin, il peut avoir mis le concierge dans sa poche.

Le fil qui va du criminel au crime est ténu, un rien peut le casser, détruisant le travail de longue haleine. Dans cette affaire, filatures et surveillances dureront quatre mois ! Un jeu de piste, de chats policiers cherchant à piéger des souris gangsters. Le filet des enquêteurs est fragile, à la moindre erreur le gibier se disperse. Plusieurs groupes se relaient. Broussard et Leclerc sentent qu'il s'agit d'un gros coup. Mais tout est possible : la bande peut renoncer, changer de stratégie, se séparer, faire la très redoutée « danse du scalp » en frôlant sa cible sans se décider à passer à l'acte.

Les premiers résultats tombent : l'Antigang identifie les membres du gang, les aperçoit en grande conversation. Pas de doute, cette équipe-là prépare quelque chose. En tout cas, ce n'est pas l'enlèvement du PDG de FIAT France, Luchino Revelli-Beaumont, kidnappé alors que les truands étaient sous surveillance ! Surnommée « l'affaire Totor », la surveillance de Tortosa & Cie connaît donc des hauts et des bas. Parfois, les policiers ont l'impression d'être repérés. Comme le soir où, sur les écoutes téléphoniques, ils entendent :

— Je crois que j'ai l'équipe à Broussard dans les reins.

Le médiatique commissaire s'est-il fait « mordre[1] » alors qu'il était sur le terrain, un peu trop près de son objectif ? Bernard Pire en convient :

— Broussard venait au milieu des dispositifs, il ne se rendait pas compte que sa photo était partout. Il ne pouvait pas s'empêcher d'être au plus près de l'action.

Jo Querry, qui n'était pas encore à l'Antigang, avance une autre explication :

— Les voyous sont paranos ! Parfois, on croyait être repérés alors que le truand avait juste eu un coup de chaud. C'est arrivé souvent.

Le dispositif de surveillance se voit allégé, le temps que la température redescende. Fausse alerte, les

1. Repérer.

malfrats poursuivent leurs réunions, les préparatifs s'accélèrent. L'inspecteur Marlet sent de plus en plus qu'un gros coup est en vue mais lequel ? L'Antigang penche pour un braquage. Mais les voyous louent et aménagent un commerce rue Guy Môquet ; l'un d'entre eux vient même discuter travaux et peinture avec deux peintres en bâtiment... qui ne sont autres que deux flics de la BRI « sous couverture ».

Une autre adresse apparaît, un ancien café désaffecté, le « Sparta », en banlieue, au Plessis-Robinson. Officiellement racheté par la petite amie d'un des voyous, l'affaire est à l'écart des habitations, tranquille. Puis ce sont des voitures que les truands maquillent : une Renault 16, une Peugeot 604, une Estafette.

Les policiers, déguisés en joggers, en promeneurs avec chien, en chauffeurs de taxis, en clochards, voient la bande se livrer à ce qui ressemble à du repérage, en lisière du bois de Boulogne. Leurs voitures vont et viennent, les gangsters déterminent des itinéraires de fuite. Marlet en est sûr, ce n'est pas un braquage qui se prépare, mais un enlèvement. Une planque à l'écart pour garder l'otage, dans le magasin de Guy Môquet ou au Plessis-Robinson, une camionnette, des truands qui rôdent autour du 15e arrondissement... Tout concorde !

L'été est là, juillet passe, la Brigade reste sur le pied de guerre ; certains ont repoussé leurs vacances. À une certaine tension, une sorte d'électricité dans l'air qui règne chez les truands, l'Antigang pressent que l'heure de l'action va bientôt sonner. Le 8 août, Broussard improvise une brochettes-partie chez lui pour souder ses hommes. Chez les flics comme chez les voyous, tout est prêt, peaufiné. Devant le « Sparta » au Plessis, deux ouvriers EDF-Antigang travaillent sur une tranchée obligeamment ouverte et mise à disposition de la police par EDF-véritable.

Le 9 août, à 7 h 30, tout est en place. Les policiers voient la bande quadriller le terrain : quelques pseudo-sportifs font des exercices dans les allées du bois de Boulogne ; des malfrats sont garés plus loin, puis descendent et se croisent sans un mot ni un signe. À 10 heures, la radio crachote, c'est Jean-Pierre Moreau, un policier de l'Antigang en survêtement :

— Delta terminé, le colis est bien parti !

Sous les yeux des policiers, les truands-sportifs se sont approchés d'un homme élégant d'environ cinquante ans, qui promène un labrador. Aspergé de gaz lacrymogène, l'homme est emmené manu militari vers la Peugeot 604. La voiture s'élance, suivie par la R16 et l'Estafette Renault. Le labrador prénommé Radar et qui n'a rien vu venir s'est enfui en jappant, rendu fou par le gaz. Les policiers assistent à toute la scène, inquiets. L'action est délicate : que des témoins assistant à l'enlèvement interviennent, que les bandits tirent, et l'édifice de l'interpellation en douceur, loin de l'action, s'écroule.

Un peu plus loin, à l'abri des regards, la victime est transbahutée dans une sorte de gros coffre en osier, une huche à pain, et mise dans la camionnette. L'Estafette, la Renault 16 et la 604 démarrent, l'Antigang suit. Voitures et motos du 36 se relaient, tout est parfaitement réglé. Le convoi prend la direction du Plessis-Robinson. L'otage va donc être détenu au « Sparta ». La huche est débarquée discrètement, un des voyous fait le guet. Peu à peu, ils ressortent puis repartent, séparément. C'est pain bénit pour les policiers. Ils interceptent les truands un peu plus loin sur la route. Il ne reste plus au « Sparta » que les deux frères Tortosa.

Patiemment, les Antigangs attendent. Broussard apprend le résultat du coup de filet : un homme a été arrêté à Clamart, deux autres à Châtenay-Malabry, le troisième a blêmi en reconnaissant les deux peintres avec qui il avait discuté technique d'enduit dans un bar de Guy Môquet !

À 13 heures, François Tortosa sort, il va vers la Poste. Il est tranquille, le temps est magnifique, tout s'est bien passé. Soudain, les flics lui tombent dessus. Il tente de résister, mais deux ou trois « pains » bien assenés le ramènent à une attitude plus raisonnable. Amené dans la fourgonnette, le « soum » de l'Antigang, il se retrouve face à Broussard :

— On te suit depuis quatre mois, on vous a vus enlever un homme dans le bois de Boulogne, ce matin. On a chopé tous les autres, Jacobi, Armando, Carletto, Zuber, Porta… Il vaudrait mieux que ton frère sorte sans histoire. Réfléchis, vite !

Le truand soupire, il a perdu, le sait. Il sort du fourgon, s'approche de la maison :

— Robert, ne fais pas le con, c'est foutu, les condés[1] sont là !

Robert Tortosa déverrouille la porte, il est calme. Tout se passe en douceur.

— Où est l'otage ?

— En bas.

Les policiers descendent au sous-sol. Une sorte de cache a été aménagée, façon Aldo Moro[2]. Une porte en contreplaqué avec un cadenas la ferme.

— Où est la clef ?

1. Policiers.

2. Homme politique italien dont l'enlèvement puis l'exécution par les Brigades Rouges ont marqué l'Histoire.

— En haut.

— On va la chercher, montre-nous.

Pendant ce temps, un dialogue surréaliste s'engage.

— Monsieur, c'est la police. Qui êtes-vous et que faites-vous ?

— Je suis Bernard Mallet, et j'attends.

— Oui, mais quelle est votre profession ?

— Je ne comprends rien, je suis banquier, j'ai été enlevé ce matin dans le bois de Boulogne, et vous, qui êtes-vous ?

— Brigade Antigang, j'attends la clef.

— La police, déjà ! Mais comment…

— On va tout vous expliquer.

Bernard Mallet, l'un des dirigeants de la banque Mallet-Schlumberger, a été la victime de l'enlèvement le plus court de la grande histoire du crime ! Kidnappé à 10 heures du matin, il est libéré par l'Antigang à 13 h 15 !

— Gérard Marlet était un policier extraordinaire, rusé, intelligent ; un autre aurait abandonné, lui, il avait senti qu'il s'agissait d'une grosse affaire. On a quand même planqué quatre mois…, commente aujourd'hui Bernard Pire.

La ruse et l'obstination de Gérard Marlet ne sont pas qu'une légende : il a un jour suivi avec une barque de pêche des truands qui allaient planquer leur butin dans un cabanon. Une autre fois, alors que l'Antigang perdait la trace de malfrats à l'entrée d'une zone de pavillons et qu'il était impossible de les suivre en voiture sans se faire repérer, Marlet s'est planté sur le trottoir en pantoufles, avec une baguette de pain sous le bras, et a pu, sans éveiller leur méfiance, localiser la planque des bandits !

— Ça, c'était Gérard, murmure son ancien frère d'armes, Roger Stella.

Gérard Marlet s'est tué en voiture au retour d'une mission, le 17 juin 1986. Le jour de ses obsèques, le banquier Mallet était avec les Antigangs, au fond de l'église.

L'affaire du banquier Mallet a été enseignée dans les écoles de police du monde entier et est toujours citée en exemple à Quantico, le centre de formation du FBI.

XI

PIÈGE POUR LES ZEMMOUR

Dans les années 1970, le nom des frères Zemmour est synonyme de pègre. Le clan des Z a la mainmise sur les filles, sur le racket et le chantage à l'assurance. Nous avons vu comment les Z ont pris le pouvoir, éliminant la famille Perret au milieu des années 1960. Régulièrement, le 36, quai des Orfèvres a des nouvelles de ces exubérants juifs pieds-noirs, de leurs activités. Officiellement, ce sont des commerçants prospères n'ayant rien à se reprocher. Difficile de lcs coincer, la PJ se casse régulièrement les dents sur les alibis de ces messieurs. Gilbert Zemmour se pavane, n'hésitc pas à se la jouer lyrique :

— On dit Z pour les Zemmour comme on dit BB pour Brigitte Bardot !

L'appétit de la fratrie semble sans limites. Le contrôle de la prostitution ne suffit plus, c'est vers le jeu qu'ils se tournent. Mais le jeu à Paris, c'est le domaine des Corses, monuments difficiles à ébranler. Les Zemmour commencent donc à se faire la main sur le « flambe », ces petits tripots clandestins. Edgar,

William et Gilbert rencontrent peu de résistance. Dans le faubourg Montmartre, chacun sait qu'il vaut mieux être avec les Z que contre eux. Le problème dans ce genre d'affaires, c'est que l'appétit vient en mangeant. Après l'apéritif, voici donc le plat de résistance : les cercles de jeux, ceux estampillés officiels, avec vue sur les beaux quartiers. Faire jouer légalement les autres et encaisser de solides bénéfices sans risques, il n'y a pas meilleure combine. Mais voilà, les cercles à Paris, ce sont deux hommes, deux figures, qui s'en occupent : Marcel Francisci et Jean-Baptiste Andréani.

Le premier dirige « Le Cercle Hausmann », le second, « Le Grand Cercle ». En bons Corses, les deux hommes sont à couteaux tirés. Les Z vont employer leur tactique favorite, s'allier avec l'un pour dézinguer l'autre et ensuite faire main basse sur le tout.

Andréani semble le plus faible, mais refuse les offres de services des pieds-noirs. Les Zemmour s'adressent alors à Francisci. Marché conclu ? Pas sûr, le flou règne, mais les hostilités s'engagent le 3 octobre 1968. Quatre policiers interpellent en plein jour deux porte-flingues de l'équipe Andréani au comptoir de « la Musardière », un bar proche du « Grand Cercle ». Les deux voyous sont embarqués, la DS de service démarre, l'un des truands se méfie, demande des explications ; deux coups de feu claquent, les deux corps sont éjectés menottés, sur la route, en plein milieu de l'avenue Carnot.

Les policiers étaient de faux fonctionnaires mais de vrais tueurs. Pour la police, la vraie, ce double assassinat est signé d'un Z comme Zemmour. La guerre est déclarée. Mais l'enquête de la Brigade criminelle se heurte au mur corse : Andréani se réfugie en Suisse – il ne sera interrogé que cinq ans plus tard, lors de son retour après la signature d'une trêve. Le nom des Zemmour n'apparaît nulle part dans l'enquête : tout le monde sait, mais rien n'est avéré ! On murmure même que le clan a exécuté les deux gardes du corps de sa propre initiative, pour mouiller Marcel Francisci.

Tordu ? Non, selon les experts, c'est habituel de la part des Z pour lesquels « Non » n'est pas une réponse.

L'État intervient, met le nez dans le monde des cercles de jeux, interdit les deux parrains corses de toute activité en ce domaine. Puis, sous l'amicale pression de quelques parlementaires, il fait marche arrière. Des émissaires du gouvernement suggèrent un armistice, un cessez-le-feu. Affaire conclue. La guerre du jeu est finie à peine commencée.

Les Zemmour ont joué, mais le coup n'est pas gagnant ; tout juste ont-ils le droit de tenir les tripots clandestins. Gilbert surveille les affaires parisiennes, Edgar et William tentent l'aventure en Israël. En 1948, l'État juif a obtenu par les armes le droit d'exister, pourquoi n'aurait-il pas sa mafia comme tout autre pays civilisé ? Les deux frères se heurtent pourtant là-bas à des rivaux déjà en place ainsi qu'à une police locale dûment prévenue par son homologue française. Pas question de laisser les Z exporter leurs méthodes – racket et extorsion – en Israël.

Fin de l'aventure exotique en 1972, retour à Paris.

La période est au calme, les affaires prospères, youp la boum. La famille gouverne sans partage, a la main sur les hôtels de passe, les taules d'abattage, ces endroits sordides vers Barbès, La Chapelle, où les filles font jusqu'à cent clients en une journée. Mais un gang est comparable à une équipe sportive de haut niveau, un jour ou l'autre sa mainmise cesse. Ce ne sont pas les ballons qui sifflent, mais les balles. Le danger pour les Z va venir de leur propre camp. En bons capitaines d'industrie, William, Gilbert et Edgar savent qu'une entreprise, fût-elle criminelle, doit se développer, chercher de nouveaux marchés. Sinon elle se trouve broyée par la concurrence et perd ses meilleurs éléments partis chercher ailleurs l'esprit d'initiative.

Le nouveau terrain de jeux, c'est la drogue. La French Connection est au sommet, mais l'État ayant décidé de réagir, les policiers démantèlent le milieu marseillais. À Paris ? Il n'y a rien, ou si peu de chose. La police a les yeux rivés sur la cité phocéenne, sur les chimistes et les trafiquants qui inondent le marché américain. De quoi aiguiser les appétits, s'imaginer en parrains de la blanche, en rois de la came. Seulement, les Zemmour ne veulent pas entendre parler de ce commerce. Clan familial par excellence, ils réagissent violemment lorsque la drogue fait irruption sur leur territoire.

Ce qui n'empêche pas les rumeurs. Gilbert Zemmour est ainsi convoqué par Roger Le Taillanter, le patron de la Brigade mondaine du 36, quai des Orfèvres, chargé de combattre ce fléau à Paris. Le commissaire ne finasse pas :

— Alors, Gilbert, on s'intéresse à la came ?

— Sur ma vie, monsieur le commissaire, ça n'arrivera jamais. On est une famille, on a des enfants, on ne touchera jamais à cette saloperie, on ne vendra jamais cette merde aux gamins !

Le message est clair mais, au sein de l'entreprise, tous ne partagent pas cette vertueuse vision du business.

Un jour, Roger Bacry, alias « P'tit Roger », 1 m 67 de hargne et de rancœur, a une explication sévère avec ses patrons. Quittant l'équipe des Zemmour, il se lance dans le trafic de drogue et débauche de vieilles connaissances, l'équipe de la banlieue sud aperçue lors des débuts de l'Antigang : Marcel Gauthier, Jean-Claude Vella alias « Petites Pattes » (décidément la bande rassemble les courtauds), Marcel Barokhel dit « Le Coréen » (il a servi dans le bataillon français engagé dans la guerre de Corée)... La guerre est déclarée entre ceux que l'on surnomme « Les Siciliens » ou « Les Lyonnais » et les Z. Mais le coup du trafic d'héroïne tourne vite court : la bande perd un chargement de drogue, sans doute après une trahison. Alors, exsangues, les truands décident d'affronter les Zemmour sur leur propre terrain : le racket.

Entre 1973 et 1975, les règlements de comptes pleuvent sur Paris. Fusillades, embuscades, traquenards se succèdent. La police assiste à cette guerre en tentant de limiter les dégâts ; elle arrête Edgar Zemmour en 1973. Le truand était en cavale pour une histoire de faux papiers et de port d'arme prohibée. Il part en prison non sans un énième sketch de la famille venue protester au quai des Orfèvres. Le folklore habituel, digne d'un Roger Hanin des bonnes années : cris, pleurs, protestations, serments d'innocence... Gilbert menace même le commissaire Le Taillanter :

— Si on avait voulu, on l'aurait délivré nous-mêmes Edgar, et pas en douceur !

— Mais oui, mais oui.

Ne reculant devant rien, les Z contactent le patron de la Mondaine par un indic et lui proposent quatre cent mille francs contre la liberté d'Edgar.

— Quarante bâtons ! On a les moyens et on croit que tout peut s'acheter, grogne Le Taillanter.

— Je leur dis quoi, monsieur le commissaire ?

— Juste merde !

Le truand sera libéré après neuf mois de prison. Neuf mois gagnés en retirant de la circulation le plus dangereux des frères.

Le 28 février 1975, c'est l'Antigang qui entre dans la danse. Marcel Morin, ex-numéro 2 de la BRI, est en poste à Paris ; il dirige le grand commissariat de la 1re Brigade territoriale. Il appelle Marcel Leclerc. Les deux patrons se connaissent bien :

— J'ai un tuyau pour toi : Antona, que tu connais, tient d'un indic que les Zemmour ont rendez-vous avec la bande adverse cet après-midi.

Marcel Leclerc réfléchit très vite, il sait qu'Antona est un flic sûr, disposant de sérieuses infos. Il décide de prévenir Broussard et de monter une surveillance, voire un dispositif d'intervention. Selon l'indic, cette rencontre serait une sorte de « Yalta du crime » entre les Zemmour et un affilié de la bande des Siciliens. Ce pourrait être aussi un piège des Z visant à décimer l'adversaire.

L'affaire survient dans un contexte particulier car l'Antigang a passé la nuit précédente sur le terrain. Un braquage devenu prise d'otages a mobilisé la brigade, place de la République, entre la fin d'après-midi et 5 h 30 du matin : négociation, fourniture d'une Alpha-Roméo aux braqueurs (prêtée par un voisin), fuite des truands, poursuite, filature, échec… Les badauds ont insulté les policiers, s'en sont même pris après le départ de l'Antigang aux agents en tenue. Quant aux voyous, ils ont réussi à s'échapper.

— C'était infernal : quand les braqueurs sont sortis avec les otages, les gens derrière les barrières criaient :

« Mais abattez-les », se souvient l'inspecteur Guy Chétard, la plus jeune recrue de la brigade.

Autant dire que le moral n'est pas au beau fixe au 36. Et s'il n'y avait que ça : les hommes de l'Antigang sont épuisés. Heureusement, la perspective de coincer les deux équipes constitue un puissant aiguillon. Marcel Leclerc vient en personne superviser l'opération, dix-huit policiers sont désignés. Le fameux Yalta du crime doit avoir lieu au bar « J'ai du bon tabac », 12 boulevard Saint-Germain, à 16 heures.

L'Antigang se retrouve dans une position délicate. Il lui faut attendre en choisissant soigneusement les postes d'observation, analyser le terrain, juger la situation et intervenir. Les policiers se répartissent, spectateurs-chasseurs invisibles, et balancent les informations au fur et à mesure :

— À 106 de 110, « Zaoui » (surnom de William Zemmour) vient de se garer, R16 blanche.

15 h 55. Depuis trente minutes le dispositif policier est en place. Deux sous-marins[1] sont garés, les voitures quadrillent le quartier, certaines sont stationnées, d'autres roulent pour voir ce qui bouge.

— Oh, il y a même Edmond.

Edmond Zemmour, l'oncle, ou le cousin selon les versions, officiellement propriétaire d'un restaurant à La Ciotat. S'il est monté à Paris, c'est que l'affaire est d'importance.

— Ils entrent au « Thélème ».

Le bar est situé en face de l'autre café, lieu du rendez-vous. Edgar arrive, gare sa BMW et rejoint le reste de la bande. Dans la DS de commandement située pont de la Tournelle, Leclerc et Broussard sont à la

1. Camionnettes banalisées équipées pour la surveillance.

manœuvre. Que les Z se soient rassemblés dans un bar avec une vue imprenable sur le véritable lieu de la rencontre ne les surprend pas, il s'agit d'une tactique habituelle des gangsters. C'est même souvent le signe d'un traquenard. Leclerc décide donc de donner un coup de « périscope ».

— Il nous faut une ambiance, faites un passage discret devant le café.

— Reçu 106.

L'inspecteur Dauphin, surnommé forcément « Flipper », joue les passants :

— Il y a cinq-six individus au comptoir, à gauche, qui observent tous l'autre bar, « J'ai du bon tabac ».

Un autre inspecteur repère deux consommateurs avec lunettes noires au bistrot cible.

— Même chose ici, j'ai deux individus en terrasse, la quarantaine, verres fumés, non identifiés. Ils matent fort le « Thélème ».

Leclerc et Broussard réfléchissent à toute allure. Le boulevard Saint-Germain est animé. Si les Z ont tendu un piège aux Siciliens, le risque est donc très grand pour les passants. L'Antigang ne peut laisser une fusillade éclater. Leclerc choisit d'intervenir.

— On ne va pas attendre qu'ils se canardent sur le boulevard Saint-Germain, ils sont sûrement armés, on les coincera pour ça.

Très vite, l'assaut est planifié. En deux groupes : celui mené par Leclerc investira le « J'ai du bon tabac », Broussard et son équipe se chargeront du « Thélème ». Les lieux sont de classiques bistrots parisiens ; le « Thélème » possède deux entrées, une porte en quinconce à l'angle et une autre à gauche donnant sur la rue du Cardinal Lemoine.

— À tous les Topazes, top intervention.

Avec une synchronisation parfaite, les policiers pénètrent dans les deux bars. Du côté Leclerc, pas de problème, les hommes avec les lunettes noires sont vite arrêtés, en douceur :

— Police, contrôle d'identité.

Et pour cause, il s'agit de deux paisibles consommateurs sans aucune attache avec le grand banditisme. En revanche, quand Leclerc traverse, il découvre un spectacle de désolation : des corps sont allongés, du sang souille le sol, le lieu sent la poudre : ça a flingué !

L'équipe chargée de l'angle Saint Germain-Cardinal Lemoine s'est retrouvée coincée, la porte était bloquée par un flipper. Quand l'autre équipe est entrée, la technique d'encerclement est donc tombée à l'eau.

— Que s'est-il passé ?

— On est arrivés, ils ont allumé Chaix d'entrée, on a riposté, il y a un mort et des blessés. J'ai appelé PS[1] et le SAMU.

Le patron soupire, il va falloir démêler tout ça, comprendre.

— Chaix ?

— Touché à l'épaule. Ça va. Il est évacué vers l'hosto, Guitard aussi a été blessé.

— Comment ça s'est déroulé ?

— Chaix est entré le premier, il n'avait pas son arme à la main, on ne voulait pas que les Z s'imaginent que nous étions des types d'en face. Il a crié : « Police, ne bougez pas ! » Il y avait deux gars attablés à sa gauche, l'un a dégainé et a tiré, Chaix a riposté. On est entrés à notre tour, on a gueulé : « Tout le monde à terre ! » Les autres ont sorti leurs armes, on a tiré pour protéger

1. Police Secours.

Cinq-cinq (surnom radio de l'inspecteur Chaix) et on s'est battu à coups de poing.

Le corps sans vie allongé est celui de Joseph Elbaz, le truand qui a défouraillé le premier. William Zemmour, lui, est grièvement touché. Edgar aussi. L'oncle Edmond a une balle dans le genou. La confusion la plus totale règne, nul ne sait qui est client, qui est voyou. Un homme blessé au visage lance dans le car de Police Secours :

— Je me plaindrai à l'ambassade d'Algérie, je suis maître Oussedik, du barreau de Paris.

Un autre, à côté des Zemmour, a le visage marqué :

— Je suis maître Benachenou, j'étais avec maître Oussedik, je ne comprends pas pourquoi on m'a frappé.

Les deux hommes sont évacués vers l'hôpital.

Tous les malfrats étaient armés ; dans la R16 de William, un pistolet Browning prêt à l'emploi est saisi, ainsi qu'un document détaillant les habitudes des Siciliens, notamment celle de se réunir dans un bar proche.

À propos, où se trouvent ces fameux rivaux ? Un inspecteur de l'OCRB (Office Central de Répression du Banditisme) vient de prévenir Leclerc : la bande est rassemblée en ce moment même dans une villa près d'Orly.

— Broussard, envoyez une équipe là-bas.

En débarquant, les policiers tombent en pleine réjouissance et sur des seconds couteaux. Les grosses têtes des Siciliens sont absentes, mais il y a là quelques beaux porte-flingues. Le champagne trône sur la table, tout semble aller pour le mieux dans le monde de la truanderie. Un inspecteur désabusé lance :

— Vous fêtez le coup du « Thélème » ?

— On ne sait même pas de quoi vous parlez.

La découverte de quelques armes permet d'embarquer les cinq malfrats. Le plus intéressant du groupe s'appelle Pierre Rotondo, dit « Pierrine ». Il n'est autre que l'informateur qui a averti l'inspecteur Antona de la rencontre Zemmour-Siciliens. De là à en conclure que ce fameux Yalta du crime n'était qu'un piège destiné à provoquer un affrontement entre les Z et la police, certains le susurreront.

« Pierrine », indic notoire, affirme que les armes sont toutes à lui. Les policiers pensent plutôt qu'il porte le « bada[1] » pour les autres, sachant que son « condé[2] » va jouer. Peu de temps après cette affaire, il sera emmené en balade par le boss de la bande, Marcel Gauthier[3]. Nul ne reverra ensuite « Pierrine ».

Avec cette opération, l'Antigang se retrouve dans la tourmente. Assailli par les journalistes venus en masse devant le « Thélème », Marcel Leclerc tente de déminer le terrain, explique pourquoi, comment. Puis il file au 36. Juste à temps pour regarder, dans le bureau du directeur de la PJ, Jean Ducret, le 20 heures ouvrir son édition sur la fusillade :

— Dur, dur ! Il va falloir s'expliquer, lâche le directeur.

---

1. Chapeau.
2. Protection policière.
3. Abattu depuis, à la descente d'un bateau qui venait de Corse.

XII

SALE TEMPS
POUR LES FLICS

Quand William Zemmour décède des suites de ses blessures, c'est la curée. La presse se déchaîne. Jamais l'Antigang n'a été aussi secouée. L'époque n'est pas à la tiédeur, à la demi-mesure ; les médias tranchent, exécutent : les journaux sont à droite droite ou à gauche gauche !

Ces années 1970 sont violentes, radicales, nous l'avons dit. Un mot se répand : « Bavure ! » L'Antigang est présentée comme un ramassis de cow-boys qui tirent sur tout ce qui bouge. *Libération* est en pointe dans cette chasse aux poulets. Le quotidien de 1975 n'a que peu de points communs avec celui d'aujourd'hui : issu des mouvements gauchistes de Mai 68, avec Sartre comme parrain, *Libé* est alors une chapelle, une cellule antitout. Face à une presse dite « bourgeoise », le journal ressemble à un brûlot. Lorsque le patron du *Parisien Libéré*, Émilien Amaury, meurt après une chute de cheval, *Libération* ne titre-t-il pas : « Le cheval n'a rien ! »

Dès le lendemain de la fusillade du « Thélème », le ton est donc donné. Le journaliste de *Libé*, Gilles

Millet, attaque fort. L'homme a le sens de la coupure de presse, celle qui fait saigner longtemps : « traquenard », « policiers assassins », « ils ont tiré les premiers ».

Dans la journée du 1er mars, maître Oussedik vient de son côté déposer plainte au nom de son confrère et collaborateur maître Benachenou pour tentative d'homicide volontaire. *Libération* embraie : « *Ratonnade* », affirme le quotidien. Gilles Millet écrit : « *Non, il n'est pas exagéré de constater que les pistolets de la brigade Antigang se trouvent aux mains de racistes et d'assassins.* »

L'Humanité, alors quotidien florissant d'un parti communiste troisième force politique de France, n'est pas en reste : « Les rafles du métro ont ceci de commun avec l'assaut du « Thélème » que le faciès est déterminant dans l'intervention policière », affirme ainsi Claude Lecomte.

Le 4 mars, le ministre de l'Intérieur, Michel Poniatowski, reçoit le préfet de police, Marcel Leclerc, ainsi que Robert Broussard. Dans les hautes sphères policières, au sein de radio couloir du 36, quai des Orfèvres, certains imaginent la mise à mort, l'exil administratif, la déchéance des « superflics » de l'Antigang.

Raté : le ministre appuie ses policiers, il se rend même au chevet de l'inspecteur Chaix pour le décorer de l'Ordre du Mérite. Marcel Leclerc, à la tête de l'Antigang depuis à peine trois mois, fait front. Il décortique l'intervention, présente ses excuses à maître Benachenou (qui les refuse).

Mais, pour *Libé*, sous la plume de Gilles Millet, la version des policiers est « un tissu de mensonges ». Le clan Zemmour saisit l'occasion pour clamer son

François Le Mouël: ce commissaire à la brillante carrière a une idée simple et efficace: partir du criminel pour aboutir au crime. L'Antigang est née en 1964.

Lettre historique: le 22 septembre 1964, Maurice Papon, préfet de police de Paris, officialise la création d'une Section de Recherche et d'Intervention. De section, cette nouvelle entité du 36, quai des Orfèvres deviendra Brigade.

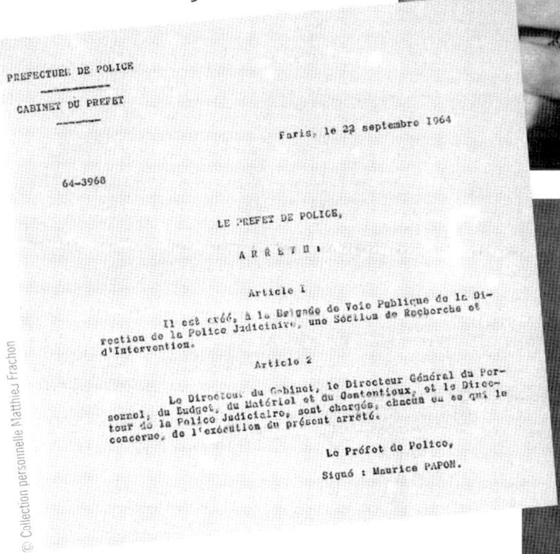

PREFECTURE DE POLICE

CABINET DU PREFET

Paris, le 22 septembre 1964

64-3968

LE PREFET DE POLICE,

A R R E T E :

Article 1

Il est créé, à la Brigade de Voie Publique de la Direction de la Police Judiciaire, une Section de Recherche et d'Intervention.

Article 2

Le Directeur du Cabinet, le Directeur Général du Personnel, du Budget, du Matériel et du Contentieux, et le Directeur de la Police Judiciaire, sont chargés, chacun en ce qui le concerne, de l'exécution du présent arrêté.

Le Préfet de Police,

Signé : Maurice PAPON.

Claude Cancès: il accomplit quasiment toute sa carrière au sein de la PJ (Police Judiciaire Parisienne). Il dirige l'Antigang de 1983 à 1987. Il est notamment au cœur de l'affaire du Gang des Postiches. Il devient directeur du 36 entre 1993 et 1995.

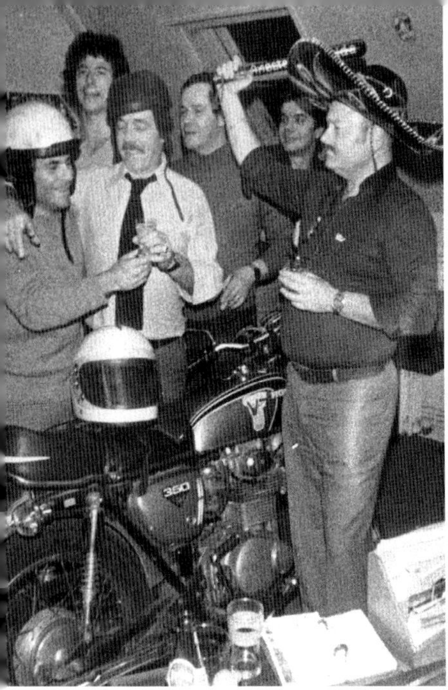

Soir de fête à l'Antigang: Un des motards de la brigade a relevé le défi de monter le célèbre escalier du 36 avec sa moto. Mission accomplie ! En langage policier, ces soirées où la pression s'évacuait s'appelaient des « dégagements ».

Fin de braquage : trois policiers et trois braqueurs face à face. Au sol, deux des truands sont menottés, le troisième a été tué dans la fusillade. Scène vécue en 1978.

Fusillade: lors d'une prise d'otage, la BRI (Brigade de Recherche et d'Intervention) se transforme en BAC (Brigade Anti Commando). Pour le grand public, Antigang sonne mieux.

En Action: photo rare d'un policier en action. Ici, Jo Querry, n° 2 de Broussard entre 1978 et 1982, puis son successeur entre 1982 et 1983.

Les Z : Les frères Zemmour, rois du racket et du proxénétisme. L'Antigang a souvent eu affaire à ce clan qui a marqué durablement les années 1970.

Collection particulière

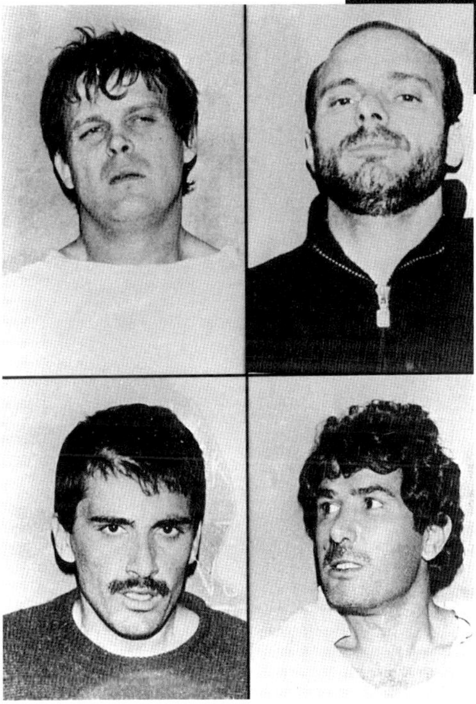

© AFP / Police judiciaire

Les Postiches : Jean-Claude Myszka, Patrick Geay, Gianluigi Esposito et André Bellaiche, quatre membres du fameux gang, alliance de braqueurs et de casseurs. Entre 1981 et 1986, ils écument les agences bancaires de la région parisienne.

Arsenal et perruques : déguisés, costumés et armés, les Postiches étaient très organisés. Voici une photo de leur matériel saisi par la police.

© Éric Gaillard / AFP

Sous l'œil des médias : Robert Broussard, son collier de barbe et son blouson. Il est le patron le plus connu de l'histoire de cette Brigade. « Question de circonstances », dit-il.

Fin de partie : 2 novembre 1979, Jacques Mesrine vient de tomber sous les balles des hommes de l'Antigang. Policiers, officiels, journalistes et badauds entourent la BMW de l'ennemi public n° 1. « Je voulais faire évacuer au plus vite le corps et la voiture », explique le commissaire.

Face à la presse : Les flics en jean blouson, ici derrière Maurice Bouvier, directeur central de la Police Judiciaire, ne sont pas forcément à l'aise au milieu des costumes-cravates officiels.

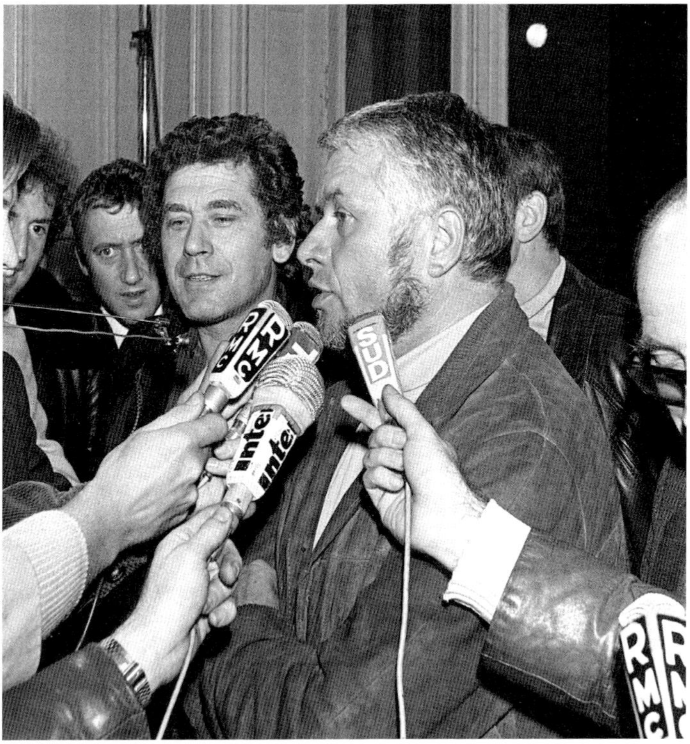

Frères ennemis : Lucien Aimé-Blanc à l'arrière plan, Broussard face au micro, les deux commissaires finissent par s'unir face à Jacques Mesrine. « Lulu, il a toujours l'air de se f… de vous », constate un de ses anciens collègues.

Mégalo : Une grande interview et la Une de *Paris Match*. Qui dit mieux ? Jacques Mesrine recherché par toutes les polices de France va jusqu'au bout de son personnage. Pour le bonheur des médias.

© AFP

© Michel Clément / AFP

Action Directe : Attentats à la bombe, hold-up, fusillades, assassinats ciblés, la signature d'Action Directe plane sur les années 1980.

Une cible prioritaire : Rouillan, Ménigon, Cipriani, Aubron : quatre noms, une affiche apposée dans tous les postes de police et de gendarmerie, une traque de quatre ans qui se termine le 21 février 1987 dans une ferme du Loiret.

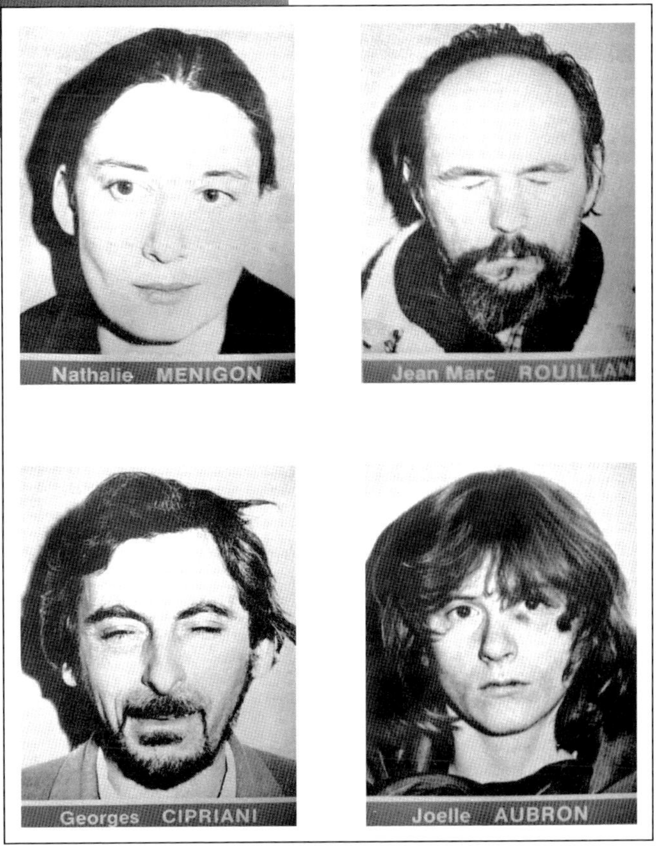

© Pascal Vila / V.S.D. / SIPA

Lieu mythique : le fameux porche du 36, quai des Orfèvres ; plus loin, la cour et une porte blanche ; à droite, « Escalier A – Direction de la Police Judiciaire ». L'Antigang est au fond des locaux, tout en haut.

© Pascal Vila / V.S.D. / SIPA

Matériel lourd : les hommes de la BRI, nom officiel de l'Antigang, version 2014. Ils sont dans la cour du 36, à côté du fameux véhicule d'intervention. Un camion d'assaut aménagé spécialement pour les missions de la brigade.

© Éric Feferberg / AFP

Ninjas : le jean blouson baskets a laissé la place à la tenue noire des unités d'intervention. Le quai des Orfèvres évolue au rythme du banditisme. La BRI effectue quinze interventions commando lourdes par an, près de cent cinquante assistances domiciliaires et une vingtaine d'enquêtes.

innocence, jouer son rôle favori, celui de victime d'un acharnement policier. La famille dépose d'ailleurs plusieurs plaintes pour « assassinats, tentatives d'assassinats, coups et blessures volontaires » et même « vol avec violence ». Edgar, à sa sortie de l'hôpital, affirme :

— Nous avions rendez-vous au « Thélème » pour déposer à la banque deux cent mille francs, une somme que nous avons gagnée honnêtement, la police est intervenue, l'argent a disparu !

Quant à Gilbert, rentré immédiatement du Canada, où il sera interdit de séjour, il parle de « génocide » !

Ils sont bien à plaindre, ces Zemmour, et tellement pittoresques ! Les funérailles de William sont grandioses, dignes du film *Le Parrain*, sorti en 1972. C'est l'occasion poir la presse de parler des cent cinquante costumes, des cinquante paires de chaussures en crocodile et de la villa de vingt pièces du « Parrain » français. Peu importe que celle-ci ne soit plus sa propriété depuis longtemps, que la magnificence du truand soit plus proche d'un vulgaire racketteur en gros que d'un Vito Genovese. Selon une réplique de cinéma célèbre : « Quand la légende est plus belle que la réalité, imprimez la légende » (*L'homme qui tua Liberty Valance*). Les obsèques se déroulent en technicolor : le corbillard part de la morgue, escorté d'une Rolls Royce Silver Cloud grise. Rien ne manque, à part peut-être la musique de Nino Rota : grosses cylindrées, femmes en larmes, gigantesques couronnes mortuaires. Il y a même les gardes du corps calibrés sous les aisselles avec lunettes noires.

La suite se révélera encore plus pittoresque pour la presse : au cimetière, les reporters reçoivent des coups de poing et des jets de pierre des gros bras du clan Zemmour.

— Je me suis marré en entendant un journaliste, le nez en sang, dire : « mais ce sont des voyous ces mecs », se souvient un ex-fonctionnaire des Renseignements Généraux.

Dès le lendemain, changement de ton dans la plupart des journaux qui se mettent à relativiser le folklore et l'innocence des Z.

Qu'importe, Gilbert Zemmour bénéficie d'un solide « attaché de presse ». Marc Francelet est qualifié aujourd'hui d'« opportuniste surdoué » par le site d'information *Bakchich*. Il convainc Jacques Derogy, investigateur en chef de *L'Express*, de consacrer un dossier de trente pages à l'acharnement policier dont sont victimes les Zemmour. La direction de l'hebdo bloque la parution du plaidoyer pro-truands, le ramenant à deux pages. Lors d'un procès intenté plus tard par Gilbert Zemmour au journaliste James Sarazin, auteur de *M comme Milieu*, Robert Broussard, cité comme « expert », perdra son calme à son sujet, lui lançant :

— T'inquiète pas, Francelet, on va s'occuper de toi !

Le commissaire a perdu sa lucidité, comme il le reconnaîtra plus tard.

— Je ne remercierai jamais assez l'adjudant de gendarmerie qui m'a retenu ce jour-là, me confiera-t-il. J'étais parti pour lui mettre le plus beau « coup de boule » de ma carrière ! Ce qui aurait été une énorme connerie, je l'admets. Il n'attendait que ça.

Selon Gilles Millet, présent au procès, Robert Broussard aurait aussi glissé à la femme de Marc Francelet : « Ton mec, on va le retrouver dans le caniveau. » Le journaliste se serait alors rué sur le commissaire.

C'est en tout cas Francelet qui décroche une interview de Gilbert Zemmour par *Le Quotidien de Paris* le 15 décembre 1976.

Un entretien au titre choc : « J'accuse la police. »

Avec moins de talent que Zola, Gilbert assène sa vérité sur la fusillade du « Thélème ».

« Dès qu'ils sont entrés dans le bar, les policiers ont ouvert le feu comme à un exercice de tir… », raconte-t-il. « L'inspecteur Chaix a été blessé par ses collègues… » « Seuls les policiers étaient armés… ». « Tous les blessés ont été atteints dans le dos… », etc.

Gilbert sème le vent du doute, érige sa famille en victime d'un attentat, d'un guet-apens. Une version contredite par les expertises balistiques.

Edgar Zemmour affirmera au commissaire Leclerc en 1978 :

— J'ai parfaitement reconnu l'inspecteur Chaix quand il est rentré. Je lui ai tourné le dos pour pas qu'il me reconnaisse, j'étais en conditionnelle. J'ai pris cinq balles dans le dos sans savoir ni pourquoi ni comment.

Vrai ! Edgar est l'un des seuls dont l'arme sera retrouvée à la ceinture ; lui n'a pas dégainé. Mais les autres ? Elbaz a-t-il cru à une embuscade de faux policiers, stratagème que les Z eux-mêmes ont utilisé ?

L'affaire ne va pas s'arrêter là. Lors d'un « tapissage », une parade d'identification, la fameuse scène immortalisée par les films où de vrais suspects sont présentés au témoin parmi des policiers à travers une glace sans tain, l'inspecteur Bernard Pire se voit formellement reconnu par maître Benachenou :

— C'est lui qui m'a frappé.

L'inspecteur est convoqué par le juge d'instruction, Alain Bernard. Il est inculpé – aujourd'hui, on dit « mis en examen ». Les chefs d'inculpation ne sont pas anodins : coups et blessures par fonctionnaire public, provocation suivie d'effets, tentative d'homicide volontaire et injures raciales.

Injures raciales ? L'avocat affirme avoir entendu alors qu'il se trouvait à terre : « Achève-le, c'est un raton ! » La phrase est authentique. Bernard Pire ne l'a jamais prononcée, mais plusieurs témoignages au sein de l'Antigang m'ont confirmé qu'elle a bien été lancée. Par qui ? Cela reste un mystère. Dans le feu de l'action ou pas, il s'agit d'une faute. Dans ses *Mémoires*, Robert Broussard écrit « qu'en toute sincérité » il ne pense pas que cette phrase ait été dite mais que si c'est le cas, « c'est intolérable ».

Jean-Louis Tixier-Vignancour et le jeune Francis Szpiner se proposent de défendre Bernard Pire. Qui préfère se tourner vers maître René Hayot, avocat d'un syndicat policier, ancien défenseur de Marie Besnard dans la plus retentissante affaire d'empoisonneur de l'après-guerre. René Hayot prévient son client : le juge Bernard aurait une dent contre la police. Parce que le magistrat est en charge d'une autre affaire, celle des « plombiers » du *Canard Enchaîné* où une équipe de la DST (Direction de la Surveillance du Territoire) a été surprise en train d'installer des micros dans les locaux de l'hebdomadaire satirique ? Le magistrat s'est ainsi fait berner par ce service qui a osé envoyer d'autres policiers lors de la confrontation avec les témoins ; il n'a pas digéré cet affront : on peut le comprendre.

— S'il peut vous faire marron, il ne va pas se gêner, m'a dit Hayot, se souvient Bernard Pire.

Le premier interrogatoire est houleux. À la question rituelle de l'adresse, Bernard Pire répond : « boulevard du Palais ». Une réponse non moins rituelle, les policiers ne donnant jamais leur adresse personnelle dans une affaire où ils sont en cause. Le juge insiste. Bernard Pire ne cède pas :

— Les Zemmour avaient accès au dossier par leur avocat, je ne suis pas fou ! m'a-t-il expliqué.

Bernard Pire donne sa version des faits. Pour ce livre, voici ce qu'il m'a répété :

— Je retourne au « Thélème » après avoir emmené Chaix blessé à l'extérieur. Alain Caillot, un collègue, me lance : « Je n'ai que quatre flingues, il en manque un. » Je vois maître Benachenou allongé par terre, qui fait un mouvement vers l'intérieur de sa veste. Je tombe sur lui, bloque, mais ne le frappe pas. Je ne sais pas qui est cet homme, un membre de la bande, un simple consommateur ? Son porte-cartes s'ouvre et je vois « Barreau de Paris ». En même temps la patronne du bar crie : « Laissez-le, il n'a rien à voir, c'est un client. » Fin de l'histoire, on l'a aidé à se relever et on l'a emmené vers le car de Police Secours pour aller à l'hôpital.

Bernard Pire va traîner l'inculpation durant plus de deux ans, qui s'achèvera par un non-lieu. Maître Benachenou, lui, acceptera discrètement un dédommagement.

Affaire conclue.

J'ai contacté Gilles Millet afin qu'il me restitue le climat de l'époque. Le journaliste, qualifié par Robert Broussard d'« antiflic », m'explique, à propos de cette fusillade :

— Il n'y avait pas la crispation sur l'immigration qu'on trouve aujourd'hui, on parlait beaucoup plus de faits divers. Les journaux sur ce thème, *France-Soir*, *L'Aurore*..., ne manquaient pas. Cela avait une grande importance, c'était un peu la démocratie contre les voyous. Et là, au « Thélème », j'avais l'impression de voir des flics agir comme des truands. Quand les bons se comportent comme des méchants, ça fait un peu plus de bruit ! Lorsque j'étais plus jeune, je pensais que les flics étaient pourris ; une fois devenu journaliste, j'ai constaté que c'était pire. On avait le choix entre des policiers très corrompus et des flics d'ordre, très durs, tels Leclerc et Broussard. La situation a beaucoup changé depuis ; comme tout se sait très vite, les choses ont évolué.

Quant à ses écrits, Gilles Millet ne les renie en rien :

— Sur le fond je ne change pas d'idée, je ne crois pas du tout à la version des policiers. D'après mes informations ils sont entrés, les autres ont laissé tomber les calibres par terre mais les flics ont tiré. Après, sur la forme, je ne l'écrirais pas dans les mêmes termes. Si c'est être journaliste antiflic que d'émettre des doutes sur l'histoire du « Thélème », alors je le suis !

Bernard Pire, devenu commissaire puis retraité, se montre quant à lui philosophe :

— On avait l'habitude d'être encensé un jour, assassiné le lendemain, mais là c'était violent.

Comme l'époque.

Le « Thélème » en tout cas est le premier acte de la pièce qui conduira à la chute des Zemmour. William est mort. Les Z tentent d'abord de se venger, approchent des tueurs à gages pour faire abattre Leclerc et Broussard. Deux truands se voient même convoqués par le numéro 2 de l'Antigang, qui leur délivre un message clair :

— Un : je suis au courant des rumeurs de contrats sur moi et Leclerc ; deux : on continue notre boulot ; trois : si ces rumeurs persistent, on vous rentre dedans.

Une rencontre entre membres du milieu dans le cabinet d'un avocat fait comprendre aux Zemmour que mieux vaut abandonner l'idée. Qu'importe, ils vont se venger des Siciliens, accusés d'avoir manipulé la police au « Thélème ». Jean-Claude Vella puis Marcel Gauthier sont abattus.

Edgar poursuit son rêve de mettre la main sur les cercles de jeux et déclenche la guerre avec Marcel Francisci. Le parrain corse est assassiné dans son parking, le 15 janvier 1982. Le 8 avril 1983, Edgar est à son tour abattu dans sa villa de Miami par un tueur ayant un fusil à lunette. Gilbert est flingué en promenant son chien, le 28 juillet.

Les Z ne feront plus parler d'eux que dans les livres ou au cinéma, puisque le film *Le Grand Pardon* est très, très librement inspiré de leur histoire.

Entre 1965 et 1983, la trajectoire des Z a fait trente-neuf victimes, eux compris.

XIII

TIR FRATRICIDE

À l'époque, l'Antigang ne cesse de faire parler d'elle. C'est même son « âge d'or ». À quoi cela tient-il ? Au fait que la télévision n'est plus, comme dans les années 1960, un média en devenir, déjà. Mais aussi en raison de la nature même de la seconde partie de son travail, l'intervention. La fascination du public (vous, moi, presque tout le monde) pour le crime englobe plusieurs aspects. Le « Maigretphile » aime les enquêtes à la française, le cas criminel à résoudre, le meurtre plus ou moins mystérieux avec son cortège de clichés : les couloirs du commissariat ou du 36, l'ambiance enfumée de l'époque, l'interrogatoire. L'« Holmésien », lui, se révèle un redoutable criminaliste, un quasi-scientifique, loupe à la main, débusquant les indices. Le premier est plus un criminologue, en cherchant à percer le pourquoi, à comprendre le qui. Le second applique une science, utilise des outils.

Mais il n'y a que dans la fiction, comme la franchise *Les Experts* (à Las Vegas, à Manhattan, à Miami, et bientôt à Courbevoie), que la dimension dramatique est rendue. Simenon, à qui on n'échappe jamais en la matière, l'écrit : « Dans la réalité, le rythme d'une enquête criminelle est très lent, ce n'est absolument pas passionnant. »

Et rien de tel avec les hommes de l'Antigang, plus chasseurs que limiers. À une époque où se multiplient les braquages spectaculaires avec prise d'otages (donc caméras, radios...), tous les éléments d'une bonne histoire se trouvent réunis : voyous et flics face à face, personnalité du négociateur, intervention armes aux poings, angoisse... Ajoutons à cela la vague d'enlèvements crapuleux de PDG (Empain, Hazan...) et l'on comprend que l'Antigang apparaisse en première ligne. Elle cumule tous les atouts médiatiques et n'a plus rien à voir avec le placide commissaire de la Crim' qui détaille l'arrestation d'un tueur, même si quelques figures de ces univers ont émergé, tels Pierre Ottavioli (Brigade Criminelle) ou Roger Le Taillanter (Brigade Mondaine) connus parce qu'ils avaient le label « vus à la télé, entendus à la radio ». Mais, en termes d'impact sur le public de l'époque, ce n'est faire offense à personne que d'écrire que Leclerc et Broussard sont alors au-dessus. Si 90 % du travail de l'Antigang est passé sous silence – tout ce qui est filature, surveillance, recherche... –, dans l'esprit du « spectateur », l'intervention marque.

Le quidam, l'homme de la rue, qui ressent parfois des pulsions d'attaques de banques mais se refrène, n'est pas le seul à suivre attentivement le travail policier. Les truands s'y montrent particulièrement attentifs. Et c'est un regard professionnel qu'ils jettent sur l'action de cette brigade. Depuis les débuts de la grande histoire du crime, de ce jeu mortel entre le policier et le voyou, ce dernier a toujours eu l'initiative. Une faille est repérée ? Le truand s'y engouffre. De Jules Bonnot comprenant en 1912 l'intérêt du braquage en auto aux malfrats d'aujourd'hui qui délaissent les banques dépourvues d'espèces pour les commerces de luxe ou le supermarché, le principe se perpétue. Action criminelle, réaction et adaptation policières. C'est le principe du « glaive et du bouclier », souligné par Marcel Leclerc dans son livre de souvenirs.

Les équipes de braqueurs ont donc vite compris la méthode des Antigangs. Aussi, adoptent-ils une nouvelle stratégie au milieu des années 1970. Une équipe de la banlieue sud (décidément cette périphérie parisienne semble une fabrique de beaux voyous) applique par exemple une nouvelle méthode. Puisque les policiers surveillent tous les points de chute, les braqueurs décident de ne plus s'y rendre. Ils se séparent sitôt le coup fait, se mettent au vert et se retrouvent bien plus tard et bien plus loin. Le partage du butin se déroule aux sports d'hiver ou sur la Côte.

Les yaka-fokon (traduction littérale du célèbre « il n'y a qu'à » et de son corollaire « il faut qu'on ») de tous acabits n'ont pas manqué d'en faire la remarque au ministère de l'Intérieur et au gouvernement d'alors.

— L'Antigang n'a qu'à intervenir en flagrant délit. Pourquoi attendre ?

Question balayée par les professionnels parce qu'une intervention à chaud, c'est une fusillade quasi assurée. Le donneur de leçon professionnel avance alors son second argument, implacable, croit-il :

— L'Antigang est faite pour ça ! Elle est formée, entraînée pour ces interventions !

Notre expert triomphe, mais oublie un détail : le travail de la police est de protéger les citoyens. Un

« flag [1] » se déroule rarement en vase clos, n'est pas un western, ; on joue plus dans le registre des dommages collatéraux que dans le style « Règlement de comptes à OK-Corral ». Le duel policiers-braqueurs ne se déroule jamais dans une rue soudainement désertée et les balles perdues risqueraient de ne pas l'être pour tout le monde !

Or, si l'erreur est humaine, certaines pèsent plus lourd que d'autres.

Quelques mois après la fusillade du « Thélème », un inspecteur de la 4e brigade territoriale monte les marches du 36. Il a vingt-six ans, se nomme Jacques Pottier et a un renseignement pour l'Antigang. Leclerc le reçoit, nous sommes le 23 juillet 1975, pas de vacances pour les voyous. Pottier dispose d'un tuyau : cet après-midi, une bande de jeunes loubards, terme à la mode à l'époque, va attaquer un commerçant pour lui piquer la sacoche contenant la recette, sur le chemin de la banque.

Leclerc fait la grimace, l'Antigang devra travailler sans filet, comme lors de l'affaire du « Thélème ». Un renseignement qui tombe au dernier moment, l'impossibilité de repérer les lieux, des paramètres inconnus comme le nombre de truands, leur armement, leurs voitures, tous les ingrédients sont réunis pour une mission compliquée. Le patron de l'Antigang charge le chef de groupe Georges Héritier de sélectionner une équipe mixte associant les policiers du secteur qui ont donné le tuyau et ceux du 36. L'intérêt est double : impliquer ceux qui apportent l'information, ce qui les pousse à faire remonter les tuyaux, et avoir des hommes qui connaissent le terrain.

1. Flagrant délit.

— Le rendez-vous de la bande avant le coup est le bistrot « Le Terminus » à Antony, explique Jacques Pottier.

À 14 heures, tout est en place. Leclerc au 36 est coupé du monde : la couverture radio est très mauvaise en banlieue. Ils sont six malfaiteurs, avec une moto et une Renault 16. Qui ne se mettent en route qu'à 18 heures. Logique, le commerçant et son pactole sortent en fin d'après-midi.

Dès l'arrivée sur Paris, la liaison se rétablit. Leclerc comprend alors qu'il n'y a pas assez de policiers, prend cinq hommes en renfort et fonce vers la rue de Charenton. La radio annonce :

— Coups de feu !

Le commerçant ne s'est pas laissé faire, il a lâché les deux chiens qui lui servent de protection rapprochée. Les quatre assaillants montés sur deux motos ont tiré, touchant l'homme. Ils ont arraché le sac de sa femme puis sont partis à pied. Ils tentent de récupérer la Renault 16, mais s'enfuient en courant en voyant les policiers. Jacques Pottier, seul, s'approche de la voiture l'arme à la main. Un homme de l'Antigang, arrivé en renfort, le voit. Or il ne le connaît pas et aucun des deux hommes ne sait à qui il a affaire :

— Lâche ton arme !

Pottier hésite, l'autre tire. Deux inspecteurs de la BRI, croyant leur collègue menacé, font feu à leur tour. Jacques Pottier s'écroule, touché par un « tir ami », selon la litote militaire.

Tout se précipite, les policiers de la BT entourent le corps :

— Putain, ils ont tué Jacquot !!!

Cette scène, Guy Chétard la revoit encore :

— C'est une tragédie ! Il a pris une balle, il n'est pas tombé, puis encore deux autres... J'avais vingt-cinq ans, je me suis imaginé à sa place, ou à celle du copain ayant tiré ! D'ailleurs, il ne s'en est jamais remis, il est mort alcoolique sous un pont à Bordeaux.

L'affaire fait moins de bruit que le « Thélème », mais la presse épingle « les cow-boys de l'Antigang qui tirent d'abord et discutent ensuite ». Deux morts : le commerçant, abattu par les malfaiteurs, et Jacques Pottier, cela fait en effet beaucoup.

Si la liaison radio avait fonctionné correctement, Leclerc aurait envoyé des renforts plus tôt. Si les équipes avaient un peu plus de temps pour se connaître, si... Avec des si... Quand plusieurs services de police en civil sont impliqués dans une intervention, c'est toujours difficile. Le ministre de l'Intérieur réagit au drame et ordonne que les hommes de l'ordre soient désormais équipés d'un brassard avec le mot POLICE bien visible ! La PJ demande et obtient que la couverture radio soit plus étendue, qu'il n'y ait plus de trous noirs. Il aura fallu la mort d'un homme pour que des décisions aussi évidentes soient prises.

Le mercredi 3 décembre 1980, survenait un autre drame. Que Jo Querry n'a jamais oublié :

— Ce jour-là, Roland Lynck est mort sous mes yeux.

Lynck, un des piliers de l'Antigang, le Parigot pur jus, pince-sans-rire, disparu dans une « mort à la con », un accident.

Ce 3 décembre-là, l'Antigang ne travaille pas seule : l'OCRB (Office Central de Répression du Banditisme) est à ses côtés. Les policiers pistent des braqueurs. L'intervention a lieu à Paris rue Vercingétorix, à

12 h 10. Durant une bagarre, l'un des inspecteurs de l'OCRB a un revolver dont le chien est relevé. Il se prend dans son blouson, le coup part. Roland Lynck s'écroule.

— J'ai toujours détesté les dispositifs mixtes, l'OCRB et nous n'avons pas la même façon d'intervenir. C'est valable pour toutes les brigades, il est très difficile de travailler sans se connaître, poursuit Jo Querry.

L'Antigang va dès lors éprouver un réflexe naturel : une répulsion au travail de terrain avec d'autres services. « Éliminons le risque, nous nous connaissons par cœur, je sais que quand je vais à droite, tu sais quoi faire, restons entre nous. » Cette pensée, jamais clairement exprimée, s'accentuera au fil du temps et conduira au splendide isolement de l'Antigang dans les années 1990-2000.

Nous y reviendrons.

Pour l'heure, elle a rendez-vous avec son meilleur ennemi.

XIV

MESRINE ACTE II

René-Georges Querry n'a jamais conçu son travail autrement qu'en police judiciaire.

— Faire le commissaire d'apparat avec l'uniforme et la casquette, poser avec le préfet pour la photo, très peu pour moi.

« Jo » est un jeune patron, qui a suivi la voie des études : une licence, le concours de l'école des commissaires de Saint-Cyr-au-Mont-d'Or. Il n'a donc pas fait un cursus à la Broussard :

— Robert, pour moi, c'est le Bigeard de la police : parti troufion et devenu général !

Querry est issu d'une promotion baptisée « la Promo rouge » parce que les étudiants avaient osé remettre en cause un règlement quelque peu rigide. Sur l'unique photo de lui en tenue, il porte même les cheveux longs. Lors de sa sortie d'école, deux postes sont disponibles au 36. Une aubaine rare qu'il saisit.

— On ne se battait pas pour aller à Paris, en 1973, les gars préféraient un poste sans risque en province.

Il se retrouve alors à la BVP (Brigade de Voie Publique, future BRB), puis, en 1974, devient patron de la section des Stupéfiants. À l'été 1978, Marcel Leclerc quitte la direction de l'Antigang pour celle de la Criminelle, l'un des derniers marchepieds avant le fauteuil de directeur du 36. Tout naturellement – il a le grade et l'ancienneté –, Robert Broussard lui succède. Du coup, le poste de numéro 2 est vacant. Jo n'hésite pas :

— Je ne me suis jamais porté candidat pour un poste dans ma carrière, sauf à l'Antigang.

Broussard le reçoit ; les deux hommes se croisent dans les couloirs depuis quatre ans :

— Salut, Jo.

— Salut, Robert.

Ce jeune commissaire plaît au boss, c'est un fonceur raisonné, un homme de terrain. Affaire conclue.

— C'est la seule fois de ma vie où j'ai gambergé, raconte Querry. J'ai passé l'été à me poser des questions, à me demander si j'allais réussir. Mon capitaine de gendarmerie de frère m'a rassuré et remis les idées en place.

Jo déboule donc à l'Antigang et découvre certains aspects de la vie à cet étage. Les réunions du vendredi, dans le bureau de Roland Lynck, où tout est mis sur la table. Un Lynck doté du sens de la formule :

— Hé, « Grille d'égout », essaie de ne pas t'endormir en planque, la prochaine fois.

Guy Chétard, affublé du surnom « Tarché », a un jour ou l'autre pris une vanne, comme tout un chacun :

— Ce n'était pas méchant, mais les choses étaient dites ! commente-t-il.

Le commissaire Querry assiste aussi à la remise traditionnelle des cadeaux « personnalisés » de fin d'année.

Un inspecteur, connu pour sa faculté à agir dans le vide, reçoit par exemple un tonneau avec un ventilateur :

— C'est quoi ça ?

— Ben, un gros bidon qui fait du vent !

Ça pique !

— Il ne l'a pas très bien pris, se souvient Christian Truffinet (La Truffe, forcément).

Jean-Marc Bloch, apte à transformer en chose immonde ses voitures, hérite de son côté d'une poubelle avec deux rétroviseurs !

C'est le folklore.

Avec plus de sérieux, Robert Broussard montre un tiroir rempli de papiers au jeune commissaire nouvellement arrivé :

— Ça, ce sont les candidatures que l'on reçoit quand on est passé à la télé, qu'une belle affaire a fait la une.

Jo regarde les lettres, hoche la tête. Broussard reprend :

— Quand un poste se libère, ce sont ces gens-là que l'on ne recrute surtout pas ! Ici, on n'a pas besoin de cow-boys, d'excités, ni de types qui se baladent dans le service avec le flingue à la ceinture !

Message reçu !

Le nouveau va participer à la plus grande traque qu'ait connue l'Antigang. Celle de Jacques Mesrine.

Nous avons quitté « le Grand », en 1973, après son arrestation spectaculaire au champagne. Mais il n'a pas disparu pour autant des médias, ayant savamment entretenu son personnage. D'abord, par un combat, celui contre les QHS (Quartiers de Haute Sécurité), ces cellules réservées aux détenus estimés les plus dangereux, avec isolement total et surveillance permanente. Il en dénonce l'inhumanité, la barbarie, la solitude. Il n'est pas le seul à s'insurger contre un système dur ayant pour seul but de casser le détenu ; des journaux relaient ses propos.

Ne se contentant pas de ce combat, il pose aussi, surjoue son personnage : le voyou en guerre contre les exploiteurs. Le discours en vogue est « le flic, chien de garde de la société ». La mégalomanie de Mesrine trouve là un terreau fertile. Certains voient en lui une icône, un anarchiste, un exclu du système ? Va pour ce rôle, et tant mieux si ça fait vendre du papier. Il déjoue la censure du courrier de la prison de la Santé, multiplie les provocations, écrit un livre intitulé *L'Instinct de mort*. Formidablement rusé et opportuniste, il porte plainte contre quiconque ose le critiquer, menaçant par exemple le reporter de *L'Express*, Jacques Derogy : il espère sortir du QHS pour un procès de plus et saisir l'occasion pour s'évader.

Quand le philosophe Michel Foucault parle de lui, c'est la gloire, la consécration, ; il s'attribue des meurtres, affirme n'avoir que du sang « de flics et de truands » sur les mains. Les médias, eux, s'affolent. Des journaux prennent l'air offusqué pour évoquer Mesrine, d'autres le dépeignent en victime du système. Lui joue de tout cela. Il était un assassin, un vulgaire voyou, un homme qui avait tué deux gardes forestiers, le voici ennemi public n° 1, roi de la presse, légende vivante.

Lors de son procès en 1977, le duo Broussard-Mesrine revient sur le devant de la scène. Car se déroule une passe d'armes légendaire, en pleine audience. Robert Broussard raconte l'arrestation au champagne. Mesrine réagit :

— La prochaine fois, monsieur le président, il n'y aura pas de champagne. Vous pensez bien que je vais tout faire pour m'évader, et si Broussard se trouve une nouvelle fois devant moi, ce sera un combat d'hommes qui se passera dans la rue, sur le pavé, et le premier qui tirera aura raison.

À la barre des témoins, Robert Broussard demeure impassible. Mesrine, dans le box des accusés, a atteint son but : faire le spectacle, s'assurer le beau rôle, ne pas décevoir son public. Dès le début des audiences, il a clamé qu'il s'évaderait, brandi un moulage en plâtre d'une clé censée être celle de ses menottes, affirmé qu'il lui avait suffi de donner trois mille francs à un gardien pour cela... Mais, là, il ne force pas le trait :

— On est d'accord, Broussard ?

— D'accord, Mesrine.

« Le premier qui tirera aura raison. » Comment imaginer un instant un homme prononçant de telles paroles, levant les bras ou tendant les poignets ?

Le 8 mai 1978, Jacques Mesrine s'évade avec François Besse. « Le Grand » – pas pour la taille ; contrairement à sa légende, Mesrine ne mesure qu'1 m 78 – et « Le Petit » (1 m 63) se sont fait la malle en récupérant des armes au parloir et en descendant le mur de la Santé, prison réputée « sans évasions », avec une échelle de corde. Un troisième larron, « Le Nantais », n'a pas longtemps goûté à la liberté : il a été abattu devant la prison par des agents en ronde.

Pas de chance, l'Histoire ne le retiendra pas.

— Mesrine, c'est le type qui a avalé un bol de sang-froid. On savait que ce serait dur, on était verts quand on a appris son évasion, rappelle Guy Chétard.

Mesrine dehors, c'est déjà un problème, mais Mesrine avec François Besse, spécialiste des braquages, c'est une équation à deux truands connus qui promet une résolution complexe.

La suite ? On connaît l'issue, mais le déroulé des opérations a laissé des traces.

Mesrine ne tarde pas à agir en province. Avec « Le Petit », il braque le casino de Deauville. En cavale, tous deux ridiculisent les gendarmes. Le duo passe à travers les mailles du filet. Mais, un nouvel acteur entre dans la danse : Lucien Aimé-Blanc !

Ce commissaire, ex-numéro 2 de l'Antigang, dirige désormais l'OCRB (Office Central de Répression du Banditisme). Si les hommes de Robert Broussard ont toute compétence sur Paris et la petite couronne, « Lulu » et l'OCRB agissent à l'échelon national.

Guerre des polices plus chasse à l'ennemi public n° 1 : ça se corse ! Lucien le Marseillais, flic à l'ancienne, adepte de la manipulation des indics, homme de la nuit, et, en face, Robert le Charentais qui abhorre le milieu et vit en famille. Le premier fuit les médias, le second est souvent en pleine lumière.

Il fallait un arbitre à la partie, ce sera la figure du père, Maurice Bouvier, DCPJ, Directeur Central de la Police Judiciaire. Depuis 1974, il est le big boss, celui qui gère les ego. Le commissaire Georges Moréas, autre figure policière, parle de lui comme d'« un vrai patron de PJ ». Bouvier, issu du 36, quai des Orfèvres, a un credo : il y a la PP (préfecture de Police) et le reste du monde. Entouré en permanence de la fumée de sa pipe, inaudible tant il parle les lèvres serrées sur le tuyau de sa bouffarde, le « Vieux » est un adepte du « savon », la remontée de bretelles bien saignante. Il va devoir gérer la guerre entre l'Antigang et l'OCRB, chaque service voulant se faire Mesrine. Rajoutons à ce champ de bataille interne la BRB (Brigade de Répression du Banditisme) de Serge Devos.

L'histoire a été mille fois décortiquée. Par Robert Broussard dans ses *Mémoires*, par Lucien Aimé-Blanc dans un livre, par Jo Querry dans un autre ouvrage, par la presse, dans des films, des documentaires… Lorsque Jacques Mesrine enlève le milliardaire Lelièvre, « Lulu » tente de le coincer en solo. Quand l'Antigang relâche sa surveillance sur deux complices du truand, loupant Mesrine de quelques heures, Aimé-Blanc se moque.

— Lucien, tu me fais chier, rétorque Broussard, excédé, lorsque le Marseillais manipule, ou laisse faire, le journaliste de *Minute*, Jacques Tillier, qui provoque Mesrine pour obtenir une interview.

Or, le reporter manque d'y laisser la vie, abandonné avec plusieurs balles dans le corps dans une grotte, miraculé. Bouvier siffle la fin de la récréation et somme les deux commissaires de travailler ensemble !

— Monsieur Aimé-Blanc, je vous ai toujours soutenu, mais à partir de ce jour j'exige une parfaite coordination entre l'OCRB et les autres services.

Il faut dire que Lucien Aimé-Blanc, avec son air rigolard, donne toujours l'impression de se moquer de tout et notamment de ceux qui sont en face de lui. Si Robert Broussard fulmine, « Lulu » en rajoute. Trente-cinq ans après, le Marseillais explique :

— Si l'OCRB n'avait pas eu son mot à dire dans cette affaire, nous étions finis ! Je n'ai agi ainsi que pour montrer qu'il n'y avait pas que le 36.

Robert Broussard a une autre opinion :

— Je n'ai pas de rancune, mais Aimé-Blanc, ce n'est pas pareil.

En grands flics, ils parviennent pourtant à passer au-dessus de leur affrontement. OCRB et Antigang vont travailler de concert, pour finir cette traque.

— Robert et Aimé-Blanc, c'était une chose. Moi, je m'entendais très bien avec l'adjoint de Lucien, Charles Pellegrini, raconte Jo Querry. Les patrons se volaient dans les plumes, les deux numéros 2 s'entendaient.

Les réunions dans le bureau de Maurice Bouvier se succèdent.

— J'ai passé tellement de temps sur la chaise face à Bouvier qu'après notre dernière entrevue, j'ai embarqué ce meuble en lui demandant de me le dédicacer, raconte Lucien Aimé-Blanc. Je m'étais assis dessus chaque soir durant deux mois ! Il a éclaté de rire et a inscrit *« À Aimé-Blanc, en souvenir de l'affaire Mesrine »*.

La chaise n'a pas été localisée ; peut-être est-elle à Nanterre ou à Versailles, dans les locaux d'un service de PJ. C'est un meuble historique.

Finalement, l'OCRB réussit à loger Mesrine. D'abord, en identifiant le complice du « Grand », grâce aux indications de Tillier sur son lit d'hôpital : le truand à l'accent marseillais très prononcé qui se fait appeler « Paul » est Charles « Charlie » Bauer. Or le voyou a une compagne, Renée Gindrat. En remontant le fichier des contraventions, les hommes d'Aimé-Blanc dénichent la voiture : c'est celle qui a servi à emmener Tillier. Elle collectionne les contredanses dans le quartier de la gare Saint-Lazare. À force de chercher, les policiers trouvent, planquent, puis identifient l'appartement du couple. Écoutes téléphoniques, filatures se succèdent quand, soudain, la voix de Mesrine surgit sur l'une des bandes, avec son léger zozotement.

Le 31 octobre, OCRB et BRI suivent Bauer ; celui-ci est tendu, il reste avec sa compagne. Ils rejoignent un homme costaud et une femme. Ce sont Jacques Mesrine et Sylvia Jeanjacquot.

Les deux couples vont faire des courses dans le quartier Ornano. Ils sont prudents, se séparent.

Impossible de les arrêter.

— Il aurait fallu faire du saute dessus en pleine foule, les choper tous les quatre en même temps. Si on se rate, que Bauer ou Mesrine prend un otage, c'est le fiasco, explique Jo Querry qui a suivi les deux truands ce jour-là. Mais je peux vous dire que, quand Gérard Marlet, qui était à côté de moi, a pris la radio pour lancer : « À tous, c'est Mesrine à 200 % », on sentait la tension !

Le soir, réunion chez Bouvier. Aimé-Blanc et Broussard exposent la situation, démontrent sans peine au directeur l'impossibilité d'une intervention. Ex-homme de terrain, Bouvier acquiesce, mais se montre ferme :

– Pas de risques insensés, ne refaites pas le coup de la dernière fois, le champagne, c'est terminé.

Dans les travées du ministère de l'Intérieur pourtant, certains se moquent ouvertement des deux commissaires. Les bruits circulent, on glose sur leur échec. « Ils l'ont eu sous les yeux et ils n'ont rien fait. » Un conseiller, un de ces « lapins de corridors » (surnommés ainsi parce qu'ils courent en tous sens dans les couloirs du ministère), colporte : « Ils ont la trouille de Mesrine. » Aimé-Blanc et Broussard subissent les regards moqueurs de ceux qui ne font rien mais savent tout. Les deux flics font front, unis par ce métier qu'ils abordent différemment mais connaissent, eux.

— Broussard a eu un sacré cran pour résister à la pression en n'intervenant pas n'importe où et n'importe comment, affirme « Lulu ».

Le 1er novembre est calme, Mesrine et sa compagne ne bougent pas. Une alerte survient dans la nuit : un inspecteur en planque devant l'immeuble voit entrer un homme, il ne sait pas si c'est Mesrine, il hésite. Intervenir dans l'urgence, c'est risqué, le bâtiment a une porte à tambour. L'interpellation à l'entrée d'un immeuble présente un risque : si le voyou s'échappe, il est dedans et les policiers dehors. Si c'est Mesrine, on peut tout imaginer : otages, siège…

— 107 à tous, pas d'intervention.

2 novembre 1979. L'Antigang a obtenu de Bouvier la direction de l'action. Mais l'OCRB se trouve à ses côtés. Le jour se lève, la matinée passe, quarante policiers sont en place. Le « Grand » bouge, il sort avec sa compagne et son chien. Aimé-Blanc et Broussard suivent l'opération à quelques mètres de là, dans leur voiture. Dans un camion, des tireurs sont postés, nul ne peut prédire la suite.

L'action manque de démarrer rue Belliard quand la BMW 528i de Mesrine prend la route, mais un camion s'intercale entre la voiture des policiers et celle du truand. Raté. Pendant ce temps, Christian Lambert remonte le boulevard Ornano pour tenter de mettre le camion bâché avec les tireurs au contact. La manœuvre est osée mais elle réussit. Mesrine voit le camion à sa gauche, lui fait signe de passer. La bâche est relevée, les tireurs allongés attendant, prêts à couvrir l'opération. La porte de Clignancourt est un nœud routier, le périphérique n'est pas loin, l'autoroute non plus.

Jo Querry amène sa Citroën GS au contact, sort et braque son arme. Bernard Pire est de l'autre côté, Gérard Marlet aussi.

— On crie « Police ». Mesrine nous voit, là. S'il lève les mains et les pose sur le pare-brise, c'est fini, décrit Jo.

Au lieu de ça, Mesrine tente d'ouvrir sa portière et de passer la main sous son siège. Les tireurs ouvrent alors le feu. Cloué sur place par une volée de balles, Jacques Mesrine s'écroule. Sa compagne Sylvia Jeanjacquot est blessée (elle perdra un œil), le chien tué.

Il est 15 h 15, l'ennemi public numéro 1 a été tué, après dix-huit mois de cavale.

Une polémique éclate. Certains journalistes parlent d'assassinat : « Ils ne lui ont laissé aucune chance. » La photo de Broussard tout sourire devant la BMW où gît Mesrine fait réagir : « Indécence. » Les bruits les plus fous courent : l'Antigang aurait sablé le champagne devant le corps du malfrat, Broussard aurait posé en levant un bras au-dessus du cadavre… Faux, mais « on m'a dit » et « il paraît que » frappent plus l'imagination que la vérité.

— En fait, je me demande si Mesrine a vu les tireurs dans le camion, il était focalisé sur nous, on le braquait, explique Bernard Pire.

Le journaliste Gilles Millet de *Libération* m'a affirmé :

— Je crois qu'il savait, qu'il avait décidé d'aller vers son destin. Il était prisonnier de son personnage.

2 novembre 1979, un an et demi de traque, de provocations, un enlèvement, un braquage, son portrait avec une Kalachnikov à la une de *Paris Match*, les interviews, la démesure Mesrine.

Maurice Bouvier avait lancé :

— Il faut en finir.

La phrase devient dans l'esprit de certains l'ordre d'abattre « Le Grand ». Une demande forcément venue d'en haut, de Valéry Giscard d'Estaing, via le ministre Christian Bonnet, clabaude la rumeur.

— On était quarante sur le terrain, Robert m'avait laissé la totale maîtrise du dispositif, explique Querry. Vous nous voyez vraiment réunir les quarante gars et dire : « le premier au contact de Mesrine ouvre le feu sans se poser de questions » ? Vous imaginez que tous aient dit « oui, patron » sans moufter ? À l'Antigang, on est des flics pas des tueurs. Depuis ce 2 novembre, aucun flic n'a affirmé avoir reçu l'ordre de le buter, il y avait des gars syndiqués, chacun avait ses opinions. Si l'ordre de tuer avait été donné ou même suggéré, il y aurait eu des remous ! Le camion avec les tireurs était au contact mais ce n'était pas prévu, s'il avait raté sa manœuvre, c'étaient d'autres voitures, d'autres flics... Rien n'était écrit, voilà tout, raconte Jo.

Ce jour-là, la porte de Clignancourt connaissait son lot habituel de circulation, de passants. Sous le siège de Jacques Mesrine, se trouvaient deux revolvers et des grenades :

— Vous pensez au carnage éventuel ? Si jamais on avait laissé Mesrine faire un carton, on nous aurait traités d'irresponsables, lance de son côté Bernard Pire.

« Le premier qui tirera aura raison. »

Termes repris par Lucien Aimé-Blanc, peu suspect de Broussardisme aigu :

— Je n'étais pas à la réunion de l'Antigang, je ne sais pas ce que Broussard et Querry ont dit à leurs hommes, mais je sais ce que moi j'aurais dit aux miens : tirez les premiers !

L'ennemi public n° 1 ne se faisait guère d'illusions sur ses admirateurs. Mégalo mais lucide, il avait prévu sa sanctification :

— Ce qu'il y a de terrible, c'est que certains vont faire de moi un héros.

XV

FIN DE RÈGNE

La mort de Mesrine marque la fin des années 1970. Le truand était un franc-tireur, un solitaire qui se méfiait du milieu et que les autres voyous fréquentaient de très loin. Le soir de sa disparition, l'Antigang tourne la page, la brigade se retrouve au restaurant, en rentrant au 36.

Retour donc aux affaires « ordinaires ».

Après le drame qu'est la mort de Roland Lynck en 1980, l'Antigang va avoir très peur. Le 27 février 1981, un hélicoptère « détourné » se présente au-dessus du terrain de sport de la prison de Fleury-Mérogis ; il descend et embarque Gérard Dupré et Daniel Beaumont, deux braqueurs chevronnés.

L'Antigang piste une prostituée, relation de Dupré. La jeune femme se retourne, prend des précautions inhabituelles, les policiers comprennent qu'elle peut les mener jusqu'à l'évadé. Le 6 mars, elle le rejoint après de multiples détours, rue de la Folie-Regnault. C'est le bon moment, il y a un autre voyou en couverture : deux hommes, une femme face à un dispositif policier. Les flics du 36 s'apprêtent au « saute dessus », mais une prémonition des deux truands change la donne. Fusillade. Un membre de la brigade, Roger Stella, s'affaisse.

— « Petit Roger » est touché.

Au bout de la rue, les balles sifflent.

—Je me suis dit : P... mais je vais en prendre une, m'a confié Jo Querry.

Plus de peur que de mal pour « P'tit Roger », la balle de gros calibre (357 Magnum) a touché la cuisse ; il s'en tire. Dupré est acculé dans un commerce, les antigangs s'avancent, le braqueur pose son arme et lève les bras.

Comme souvent, le 36 a fait école ; des brigades antigang ont été montées à l'échelle des régions. À Nice, c'est Georges Moréas qui dirige la BRI locale créée en 1976, juste après le fameux casse de Nice, cette équipée rocambolesque où Albert Spaggiari et ses complices ont dérobé cinquante millions de francs [1].

En juin 1979, une équipe de casseurs s'apprête à refaire le coup des égouts, mais dans la capitale cette fois, les truands se disant que le mode opératoire gagnerait à être répété. Les antigangs niçois ont suivi le gang, allant jusqu'à se déguiser en cyclistes sportifs pour épier leurs réunions. Sans ordre, sans en référer à quiconque, « à l'arrache », les policiers niçois entament une filature de mille kilomètres. Ils ne comptent pas lâcher leur gibier. Un personnage, surnommé « l'ingénieur », a retenu leur attention. Expert en systèmes d'alarme, il a fait plusieurs séjours à Paris.

1. Vingt-neuf millions d'euros.

L'équipe arrive devant la Société Générale de la rue de Sèvres. Moréas et ses hommes éprouvent un « petit picotement de satisfaction » lorsqu'ils voient les truands pénétrer dans l'immeuble face à la banque, déguisés en agents EDF. Le commissaire sait qu'il ne peut plus continuer seul. Trente flics niçois surveillant une équipe de casseurs en plein Paris, sans que l'OCRB ou le 36 ne soient informés, cela la ficherait mal. Il va donc voir Lucien Aimé-Blanc. « Lulu » décline l'invitation à se joindre à la fête : l'affaire a démarré en province, elle est donc de son ressort et le Marseillais adorerait sans doute effectuer un joli coup sous le nez de ses « amis » de l'Antigang parisienne, mais c'est non :

— Lucien a prétexté que toutes ses équipes étaient mobilisées sur la cavale de Mesrine. En fait, c'est quelqu'un qui n'aime pas déléguer, il préfère bosser avec quelques hommes, commente un ancien de l'OCRB.

Moréas se tourne alors vers Robert Broussard. Dans un premier temps, celui-ci dit non pour la même raison : les hommes du 36 sont à fond sur Mesrine. Puis il se ravise. « Le vieux roublard sent la bonne affaire » (dixit Moréas). Les antigangs Paris et Nice se mettent donc en planque. Déguisés en égoutiers, en bleu de chauffe, les policiers attendent le début des opérations. Broussard enfile le costume de travailleur en sous-sol. La planque s'éternise durant plus de deux mois. Finalement, les truands renoncent, confrontés à un problème technique, la lance thermique qui devait percer le mur n'a pas suffisamment de recul.

Lorsqu'ils viennent récupérer leur matériel, les braqueurs sont arrêtés. Les peines infligées par le tribunal ne seront pas à la hauteur du travail policier, mais c'est la loi du genre : les casseurs n'ont pas réalisé le coup, ce que souligne leur avocat avec raison. Cette affaire va laisser le souvenir d'un été de terrassier avec les bons moments des travailleurs : casse-croûte, rires et plaisanteries diverses. Moréas le séducteur trouvait le travail d'égoutier intéressant, car il permet depuis la bouche d'égout de regarder à loisir les jambes des jolies Parisiennes ! Pour le numéro 2 de l'Antigang, ce fut un peu plus amer :

— J'ai annulé mes vacances avec ma copine de l'époque, on travaillait chaque week-end… Finalement, elle m'a plaqué ! raconte un Jo Querry rigolard.

Arrive mai 1981. Après vingt-trois ans de désert gouvernemental, la gauche accède au pouvoir. François Mitterrand s'installe à l'Élysée, Robert Badinter prend la Justice et Gaston Defferre l'Intérieur. Alternance, promesse de lendemains qui chantent, force tranquille, etc. Dans l'esprit des nouveaux locataires des palais de la République, la police est au mieux classée à droite, au pire raciste, infiltrée par l'extrême droite. L'assassinat de Pierre Goldman, le « braqueur gauchiste », revendiqué par un mystérieux groupe « Honneur de la Police », n'a rien fait pour dissiper cette image.

À l'Antigang, beaucoup haussent les épaules, la traque des malfrats n'ayant rien de politique. Dans la brigade, toutes les sensibilités se côtoient sans que cela ne fasse des étincelles. Lorsque Paul Quilès, futur ministre de l'Intérieur (1991-1993), lance au congrès de Valence : « Il ne suffit pas de dire que des têtes vont tomber, mais lesquelles et rapidement », personne ne se sent visé au quatrième étage du 36. Pourtant, les dossiers ne manquent pas : la mort de Mesrine (qualifiée d'assassinat par certains), le meurtre du prince de Broglie (l'ancien ministre fut abattu devant son domicile et l'Antigang fut accusée d'avoir ignoré sciemment les rumeurs d'assassinat), la fusillade du « Thélème »... De plus, le syndicalisme policier, souvent ignoré au quai des Orfèvres, a envie de faire la pluie et le beau temps en interne La puissante Fédération Autonome des Syndicats de Police réclame des changements.

— Monsieur le ministre, il y en a trois au moins qu'il est impossible de garder : Broussard à l'Antigang, Devos à la Brigade de Répression du Banditisme, et Leclerc à la Criminelle. Si vous voulez faire de la bonne police, il faut en arriver là. Autrement, ne comptez plus sur nous.

Gaston Defferre commence par lâcher du lest : il décrète un devoir de réserve pour les policiers. Les journalistes sont priés de quitter le 36, et seuls les représentants syndicaux pourront s'exprimer face à la presse. Le ministre veut ainsi éviter les fuites et donner le pouvoir de communication aux syndicats.

Les apparitions de Broussard, Leclerc et autres à la télévision sont donc terminées. La page de la gueule de flic en direct est tournée. Gaston Defferre vient d'éteindre la lumière, de verrouiller la communication. L'apparition de magistrats hauts en couleur et habiles finira le travail : après les superflics, place aux juges !

De fait, en interne, la grogne gagne rapidement les rangs. Certains apprécient mal la photo de Pierre Mauroy, Premier ministre, posant avec le braqueur Roger Knobelpiess. L'angélisme du pouvoir qui amnistie Action Directe est aussi sévèrement commenté.

À côté de ces événements, certains en profitent pour se « faire » Broussard. Oscar Wilde a écrit : « Toute réussite vous attire un ennemi, c'est la médiocrité qui entraîne la popularité. »

Se déclenche donc la chasse au Robert. Tout y passe : « Quand une affaire rate, c'est de la faute de Querry (nº 2), quand elle réussit, c'est grâce à Broussard », « il est jamais content », « il tire toute la couverture à lui », « l'Antigang, c'est une secte »... Rancœurs, aigreurs, opportunisme, le cocktail habituel se compose.

Marcel Leclerc, l'ex-patron de la BRI, le chef de la Criminelle, est de son côté traité d'« homme de droite », « autoritaire » et « cassant ». Defferre tente de s'en débarrasser en l'envoyant, avec un grade supérieur, à Marseille. Pour arrondir les angles, le ministre nomme François Le Mouël, le policier le plus incontesté de France, directeur du Quai des Orfèvres.

Oupsss ! Le Mouël exige d'avoir comme sous-directeur... Marcel Leclerc ! Defferre refuse. Leclerc, lui, ne veut pas aller à Marseille et rejette sa mutation – le statut de la préfecture de Police de Paris lui en donne le droit – et Le Mouël à peine nommé patron du 36 démissionne.

Et Broussard ? Depuis des mois, la rumeur enfle. Il va dégager, être nommé au centre de formation de police de Clermont-Ferrand. Radio 36 ricane :

— La blouse de prof de Robert est déjà accrochée à Clermont, elle n'attend plus que lui !

Mais le psychodrame Defferre-Le Mouël-Leclerc change la donne. Les syndicats ont finalement eu la peau de Leclerc, muté à l'Inspection générale de la Police nationale (dite en langage policier « le cimetière des éléphants »), mais à quel prix ! Un directeur aussitôt nommé qui démissionne, un 36 en ébullition.

Broussard se voit donc nommé... à Paris, au secrétariat d'État à la Sécurité publique, comme conseiller technique auprès du ministre Joseph Franceschi. Defferre a décidé de calmer le jeu. Quant à Serge Devos, il reste à la tête de la BRB.

Tout naturellement, c'est René-Georges Querry, son adjoint, qui succède à Broussard après un petit passage comme numéro 2 de Devos.

Les années Broussard s'achèvent. On est en août 1982.

Entre 1971 et 1982, le collier de barbe le plus connu de France a réellement marqué son époque. Si les protagonistes de ces années-là, rencontrés pour ce livre, ne furent pas toujours d'accord avec lui, tous saluent son action.

Et lui, aujourd'hui ? Ce bourreau de travail, incapable d'être loin de l'action, poussant ses hommes, il en pense quoi ? Jo Querry sourit en évoquant le patron qui surgissait dans les filatures, la radio qui annonçait :

— 107, ici 106, vous êtes où ?

Jo succède à Robert, le temps des moines-soldats de l'Antigang est terminé, chacun sa personnalité. Et Robert Broussard me dit, lâchant un seul regret :

— J'ai peut-être été parfois un peu trop exigeant.

Mais ces années 1970 étaient si violentes, si tranchées : braquages, prises d'otages, terrorisme, enlèvements...

Empain, Mesrine, Willoquet, Palestiniens, guerre des polices... Bernard Pire « giclant » d'une voiture dans un plongeon « digne du goal de l'équipe de France » (dixit Broussard) lors de la remise de rançon de l'affaire Hazan ; Guy Chétard, surpris en plein ramassage de champignons autour du stand de tir quand Broussard montre les installations à François Le Mouël ; José Gentilini, relevant le défi de monter à moto les célèbres marches du 36, et croisant un sous-directeur quelque peu surpris…

Planques, filatures, drames, adrénaline, maîtrise, négociations sous haute tension… La vie continue à l'Antigang.

XVI

TERRORISTES, POSTICHES ET COMPAGNIE

Les décennies ne sont pas toujours si tranchées que cela. Si le passage des années 1960 aux années 1970 a été une véritable bascule – mort du général de Gaulle en 1970 –, celui de 1970 à 1980 connaît son lot de phénomènes qui perdurent. Le terrorisme, issu des mouvements d'extrême gauche, en est un bon exemple.

En 1981, François Mitterrand amnistie les membres d'Action Directe. Responsable de dix-neuf attentats entre 1979 et 1980, le mouvement a été décapité par les Renseignements Généraux : Jean Marc Rouillan et Nathalie Ménigon sont en prison, avec une dizaine de leurs camarades. L'arrestation a été épique : les RG ont voulu interpeller les AD en solo, Ménigon a vidé deux chargeurs de 11,43 avant d'être maîtrisée. Pas de dommage pour les policiers, mais cela en dit long sur la détermination des terroristes à ne pas se laisser capturer en douceur.

Le pouvoir s'imagine que les gauchos vont benoîtement déposer les armes sous prétexte que la couleur politique a changé. C'est d'une naïveté confondante.

La preuve : Jean-Marc Rouillan donne, dès sa sortie de prison, une interview à France Inter où il affirme « continuer la lutte » et ne pas reconnaître les « sociaux-traîtres ». La « reprise de contact » entre la police et Action Directe se fait à l'été 1982. Le 9 août, un commando arrose à la grenade et au pistolet-mitrailleur le restaurant de Jo Goldenberg et s'enfuit dans la rue des Rosiers. Fidèle à sa méthode de rouleau compresseur qui n'écarte aucune piste, la Brigade criminelle, dirigée cet été-là par Claude Cancès, interroge au 36 Jean Marc Rouillan.

Le massacre, six morts et vingt-cinq blessés, n'étant pas dans les habitudes des membres d'AD, l'entrevue est de pure forme. Mais Nathalie Ménigon surgit et se met à hurler :

— Vous allez lui faire le coup de Mesrine !

La pasionaria tente d'enjamber la balustrade qui surplombe la salle d'attente du directeur, un étage plus bas. Un inspecteur la rattrape in extremis par le pantalon. Ménigon est une tenante de la théorie du flic assassin ; lors de l'arrestation du groupe à Vitry-aux-Loges, elle criait aux policiers du RAID (Recherche Assistance Intervention Dissuasion) :

— Vous allez nous buter !

Rouillan, excédé, lui lance :

— Tais-toi, on est vivants !

Dans la foulée de son geste spectaculaire, un filet de sécurité est installé au-dessus de la mezzanine. Quelques inspecteurs lui trouveront une autre utilité :

— Il est arrivé que, pour rigoler, on se jette dedans certains soirs, m'a avoué en riant l'un d'entre eux.

Action Directe ne relève pas du terrorisme d'État, comme les mouvements palestiniens aidés par la Libye. Le groupe a besoin d'argent et n'hésite pas à braquer des banques. Les terroristes ne fréquentent pas le milieu, agissent seuls, et se montrent efficaces. Ils sont donc du ressort de l'Antigang.

Le 31 mai 1983, une patrouille de gardiens de la paix en civil aperçoit deux hommes qui sortent d'un immeuble dans le quartier Rochechouart-Martyrs. Depuis quelques semaines, les cambriolages se multiplient dans le secteur. Les deux personnes se retournent fréquemment et transportent deux sacs lourds, remplis à craquer. Les policiers n'hésitent pas, leur voiture banalisée fait demi-tour, ils sortent et s'avancent vers le duo. Deux gardiens sont en avant, la troisième, une stagiaire, reste à quelque distance avec un brigadier. Mais les policiers ne peuvent imaginer qu'un autre groupe est en couverture des deux hommes qu'ils s'apprêtent à intercepter, et qu'il ne s'agit pas de petits casseurs de journée mais d'une équipe de terroristes.

À peine se sont-ils approchés que les armes sortent. L'hésitation ne fait pas partie du vocabulaire d'Action Directe : Claude Caïola est mis à terre et abattu au sol, Émile Gondry reçoit une balle en plein cœur, un autre policier est blessé, la jeune stagiaire plonge derrière une voiture sous une grêle de balles. Pris à revers par la seconde équipe, les policiers n'avaient aucune chance. En tirant méthodiquement pour couvrir leur fuite, les terroristes s'échappent.

Cet événement est la goutte d'eau qui fait déborder la colère des policiers. Lors des obsèques des deux gardiens, dans la cour de la préfecture de Police, Gaston Defferre est hué, une manifestation se forme jusqu'au pied du ministère de la Justice, place Vendôme : « Badinter, démission. » Une première dans l'histoire de la Ve République. Toute la rancœur accumulée y passe : les propos de Defferre affirmant à l'Assemblée nationale que la police est composée de « racistes », les libérations et amnisties diverses, le renvoi de Leclerc, Pierre Mauroy en photo tout sourire avec un braqueur amnistié… La cocotte-minute de l'institution policière a sauté !

Le préfet et le directeur général de la Police nationale sont limogés.

Et à Trudaine ? Pierre Touraine, patron du 36, arrivé sur place, constate les dégâts ; il murmure :

— Terrorisme.

En octobre 1983, la religion des enquêteurs et du magistrat instructeur Jean-Louis Bruguière est faite : une lettre anonyme signée « Blond-Blond » dénonce Action Directe. Les policiers avaient des doutes, ils ont désormais des certitudes. La patrouille est tombée ce 31 mai sur des membres d'AD qui déménageaient une cache d'armes.

En 1982, Jo Querry a succédé à Robert Broussard à l'Antigang. Pour lui, aucune affaire n'est plus difficile à mener à terme que la traque des terroristes :

— Le voyou relâche la pression, il n'est tendu qu'à l'approche de l'action. Le terroriste est toujours sur ses gardes, dans la paranoïa permanente.

Le commissaire ne reste pas longtemps à la tête de la brigade. En mai 1983, il est nommé conseiller technique au cabinet de Joseph Franceschi, recommandé par Broussard qui part, lui, pour la Corse comme commissaire délégué de la République, puis préfet.

— Querry a changé les choses quand il est devenu patron. On a eu moins de pression qu'à l'époque Broussard, c'était moins boulot-boulot, explique Guy

Chétard qui, en 1982, n'était plus le benjamin de la brigade, mais affichait à trente-quatre ans déjà neuf ans d'Antigang.

Le jeu des chaises musicales reprend au 36 ; il faut un successeur à Querry, mais qui ?

Pierre Touraine pose la question au principal intéressé :

— Monsieur Querry, qui voyez-vous pour vous succéder ?

— Claude Cancès.

Le patron du 36 est un peu surpris. Numéro 2 de la Crim', Cancès n'est jamais passé par des services de police d'initiative, même s'il a bien pratiqué planques et filatures à la Brigade Mondaine où il a débuté. Jo enfonce le clou :

— Il a beaucoup travaillé avec nous sur les affaires d'enlèvement ; dans le dossier Hazan, il a parfaitement fait équipe sur le terrain lors de la remise de rançon.

Le directeur acquiesce. Il ne sait pas qu'il existe au sein du 36 un trio d'amis indéfectibles : René-Georges Querry, Ange Mancini (créateur de la Section Anti-Terroriste de la Criminelle et futur premier patron du RAID) et Claude Cancès. Les trois hommes sont unis comme les doigts de la main, à la scène et à la ville.

D'ailleurs, en sortant de chez Touraine, Querry monte à la Crim' informer son ami.

— Tu aurais pu m'en parler avant, bougonne Cancès, au caractère un brin soupe au lait.

Pas le temps de réfléchir, la ligne directoriale sonne, Claude est convoqué chez le patron.

— Jo croyait me faire plaisir, et finalement il a eu raison, mais au début j'ai tiqué.

Et pour cause : au 36, la voie royale, celle qui mène au fauteuil de directeur, passe par le bureau 315, celui du patron de la Brigade Criminelle. Claude Cancès est numéro 2 de la brigade, il pense légitimement s'y installer un jour prochain.

— Vous m'avez fait demander, Monsieur le Directeur ?

— Oui, Querry sort d'ici, il a proposé votre nom pour le remplacer à la tête de la BRI.

— Un poste pareil ne se refuse pas, mais…

— Je sais ce que vous pensez, comme tous les flics du 36 vous rêvez d'être à la tête de la Crim', votre affectation à l'Antigang n'empêchera pas ça.

Affaire conclue, Claude Cancès devient le cinquième patron de l'Antigang. La présence de Jean-Marc Bloch, aujourd'hui consultant à la télévision pour l'émission « Non Élucidé », comme adjoint le rassure.

En mai 1983, comme de coutume, Pierre Touraine installe le nouveau chef dans son poste. Une habitude ancrée dans les gènes du 36, le directeur venant dans les bureaux de la brigade pour « présenter » le « petit nouveau ».

Issu de la « brigade des costumes », la Criminelle, Cancès a une image biaisée de l'Antigang. Comme nombre de ses collègues, il voit la BRI en brigade des riches, celle qui fait une affaire toutes les deux ou trois semaines, qui reçoit les tuyaux cuits à point dans le bec. Une sorte de coucou de la PJ s'appropriant le nid des autres pour mettre ses œufs. Jo Querry met son ami en garde :

— Ce n'est pas du tout ce que tu crois, on a des moyens, mais le boulot est difficile, ingrat. Tu verras les efforts et la maîtrise que ça demande.

Quelque temps après, les deux hommes se voient :

— Tu avais raison, Jo, mon opinion sur la brigade a totalement changé.

Le nouveau patron se met au travail. Au début, ses flics lui paraissent des grandes gueules, quelque peu caractériels pour certains. À l'Antigang, c'est le numéro 2 qui est le plus souvent dans l'action. Pour comprendre le travail de ses hommes, dès le premier jour Cancès sort avec Jean-Marc Bloch sur le terrain :

— Le numéro 2, l'adjoint, est corvéable à merci. Le patron est plus en retrait, il ne va sur le terrain qu'en cas de grosse affaire. C'était important pour moi de me fondre dans le dispositif, de les accompagner dès le premier jour. Je me souviens, on a commencé à 6 heures du matin sur une équipe de casseurs.

Claude Cancès sourit à l'évocation de ce souvenir ; il reprend un morceau de chocolat noir, sa gourmandise amère.

— Là, j'ai compris que j'avais affaire à des superpros : disponibilité, réactivité, de véritables soldats, c'était très impressionnant.

Ce qui change la vie de l'ancien de la Crim', c'est l'entraînement. Il goûte de la descente d'hélicoptère encordé, se cassant la figure d'ailleurs en beauté après un coup de vent. Au tir, il est loin d'être mauvais :

— Cancès en tir rapide, il fait mouche à tous les coups, quand la méthode Sasia a été mise en application dans la police, il a été parmi les meilleurs, et il l'est resté ! m'a affirmé un ami documentariste lors d'une rencontre au festival du Polar de Cognac.

La méthode Sasia vaut un petit aparté : Raymond Sasia est l'un des gardes du corps du général de Gaulle. L'un des chefs d'États les plus menacés au monde n'a jamais eu que quatre gorilles ! Sasia est le premier flic français à faire un stage au FBI. Il se rend compte en 1961 que quand les policiers tricolores vident deux fois par an sept chargeurs, les G-men du FBI tirent plusieurs fois par semaine trois cents cartouches ! Il importe au passage la méthode de tir rapide en action, dans laquelle excelle Cancès, entré au 36 en 1963.

Refermons la parenthèse et retournons en 1983.

— Je ne débarquais pas en terrain inconnu, je tutoyais la plupart des chefs de groupe, tous les Topazes. J'avais quand même vingt ans de 36 au compteur !

Être patron de l'Antigang, c'est aussi diriger la Brigade Anti-Commando, l'une devenant l'autre en cas de prise d'otages. Deux affaires marquent ces années-là : en octobre 1983, le braqueur Lionel Cardon, sorti de prison en mai, est identifié comme l'auteur d'un double meurtre en Gironde. En novembre, il tue un motard de la police dans le bois de Boulogne. Le 24, il force la porte de maître Nicole Dreyfus, rue Nicolo, dans le 16e arrondissement. L'avocate avait plaidé contre lui lors de son procès. L'homme est dangereux et délirant : il a contacté l'AFP pour revendiquer la mort du policier. Cet exalté qui fait les gros titres de la presse réclame la présence d'Annette Kahn, journaliste au *Quotidien de Paris* dont l'article lui a déplu. Maître Dreyfus, menacée, appelle la reporter sous un faux prétexte et l'attire dans son cabinet.

Obligé de sortir le chien de l'avocate avec la secrétaire en otage, Cardon est repéré par un voisin qui contacte la police : un homme qui escorte une femme avec un air inquiet et un revolver, ça se remarque ! Débute un siège de sept heures.

— C'était épique et très tendu. Le préfet Fougier a dit : « Abattez-le » lorsque j'ai expliqué qu'on avait des tireurs d'élite prêts à neutraliser Cardon s'il devenait menaçant !

Heureusement, le directeur de la PJ, Pierre Touraine, explique au préfet de police qu'il convient de laisser la maîtrise de la situation aux professionnels de l'Antigang.

— Cardon nous a tout fait : menaces, chantage, promesse de suicide… J'ai dû tenter un plaquage de rugby à l'avocate qui a voulu lui ôter l'arme qu'il retournait contre lui. Finalement, avec le substitut du procureur Laurent Davenas, nous avons obtenu sa reddition.

Sous l'objectif des photographes, il sort, la mise impeccable avec sa veste et son foulard blanc : la légende de Lionel Cardon, l'ennemi public numéro 1 à l'écharpe blanche, n'a plus alors qu'à s'écrire.

En 1984, c'est dans un cabinet médical que se retranchent deux truands avec un couple et un bébé en otages. Après cinq heures de négociations, l'Antigang intervient et neutralise les deux hommes.

— Je me souviens particulièrement de cette affaire, car c'était la première fois que la BAC descendait en rappel le long de la façade !

Mais, 1984, ce sera surtout la traque d'Action Directe. La BRI est mobilisée sur ces terroristes braqueurs, comme tout le monde. Bloch et Cancès peinent à convaincre leurs hommes que le groupe révolutionnaire n'a rien à envier aux pontes du grand banditisme : ils utilisent les mêmes méthodes, tirent sans hésiter, préparent soigneusement leurs actions, que ce soient les attentats ou les hold-up.

— On a ramé ! Pour les gars, seuls les voyous sont intéressants ; les terros, la politique, c'est pas pour l'Antigang. Jean-Marc et moi on a dû argumenter. D'autant plus que travailler sur des terroristes est sans doute le boulot le plus difficile !

Dans l'ADN de l'Antigang, le terrorisme est jusque-là synonyme d'action pure et dure. La brigade n'a jamais eu affaire qu'à des prises d'otages, comme celle de l'ambassade d'Arabie Saoudite : négociations, interventions. Mais, cette fois, il s'agit de tout autre chose, de remonter le réseau, de filatures, d'écoutes, de surveillance. En général, l'enquête post-attentat revient à la Section Anti-Terroristes de la Brigade Criminelle, la recherche incombe aux Renseignements Généraux (RG) et à la Direction de la Surveillance du Territoire (DST). Que l'Antigang se mêle de la traque d'Action Directe, voilà qui est nouveau.

« Petit Roger », l'inspecteur Stella, en convient :

— On a râlé. Pour nous, on perdait du temps sur Action Directe, pendant ce temps on n'exploitait pas les tuyaux sur les truands.

Tels les grands pros du banditisme, AD braque des banques, agit comme les voyous avec moins de limites encore : Action Directe a tué par deux fois. D'abord, en 1982, en exécutant Gabriel Chahine, l'homme qui les avait donnés aux RG, puis en 1983, avenue Trudaine.

En 1984, tout est encore à faire en matière de lutte, la coordination anti-terrorisme vient de naître, les lois sont inadaptées. La « Commission de contrôle des conditions de fonctionnement, d'intervention et de coordination des services de police et de sécurité engagés dans la lutte contre le terrorisme » (*sic*) n'a été créée que le 18 novembre 1983, et ne rendra son rapport au Sénat que fin 1984.

Pour l'Antigang, il faut rechercher des gens en alerte permanente, qui n'ont aucun lien avec le milieu, et sont organisés en filières cloisonnées.

Pas simple.

La première confrontation Antigang-AD a lieu le samedi 4 février 1984.

À 15 heures, Claude Cancès est dans son bureau, ce réduit mal éclairé. Le téléphone sonne, c'est le commissaire Jean-Paul Bouchoux, chef de section aux RGPP (Renseignements Généraux de la Préfecture de Police). Cancès raconte :

— À cette époque, le préfet de police Fougier a fait jurer aux gens des RG de ne pas parler du tuyau qu'ils avaient, la planque du trio d'Action Directe : Rouillan, Ménigon, Schleicher. Ils sont à Levallois-Perret.

Le préfet craint les fuites et n'est pas un homme de terrain, ses rapports avec Cancès ne sont pas très cordiaux. Fougier interdit que l'on prévienne même le directeur de la PJ, Pierre Touraine.

À 15 heures, ce samedi, Bouchoux est au téléphone, surexcité :

— Claude, ils sont tous là, à Levallois, toute la bande d'Action Directe, viens vite !!!

En quelques minutes l'étage et demi de l'Antigang se vide, tous les policiers disponibles convergent vers Levallois. Le commissaire Bouchoux fait un rapide topo à Cancès et Bloch : les RG ont identifié et localisé depuis plusieurs semaines les AD dans un appartement :

— On ne pouvait pas vous en parler, le préfet nous avait demandé de ne rien dire au 36 !

Le patron de l'Antigang bout intérieurement, mais ce n'est ni le lieu ni le moment pour laisser sortir sa colère. Il se positionne dans la voiture avec Jean-Marc Bloch et surveille l'entrée de l'immeuble. Selon les RG, le trio se trouve dans l'appartement.

Non ! Les policiers ont raté la sortie de Régis Schleicher. Sur ses gardes, le terroriste revient vers l'immeuble, passe devant la voiture du duo Bloch-Cancès et, en un coup d'œil, reconnaît le patron de l'Antigang. Le commissaire et Schleicher se sont confrontés à de nombreuses reprises lorsque le policier officiait à la Crim' : enquêtes après des braquages, des attentats, interrogatoires. Cancès, surnommé « le veinard », a même entamé impromptu, en 1983, moins d'un an auparavant, une filature de Schleicher dans Paris, alors qu'il venait de le croiser par hasard au volant d'une voiture volée. Le policier avait son fils de 5 ans à l'arrière, il se préparait à vivre une après-midi tranquille de père de famille au bois de Boulogne.

Ce 4 février 1984, Schleicher a donc reconnu Cancès ; le flic met la main sur la poignée de porte, veut bondir et coincer le terroriste avant qu'il n'aille alerter les autres. Mais Bloch lui met fermement la main sur le bras :

— Fais pas le con, tu vas te faire fumer !

Le patron écoute la voix de la raison, soupire et suspend son geste ; Régis Schleicher se précipite vers l'immeuble.

— Ce jour-là, je crois que j'ai sauvé la vie de Claude, m'a dit Jean-Marc Bloch.

Il n'est pas permis d'en douter, le fait tombe sous le coup de l'évidence : le temps de sortir de la voiture et de dégainer, Claude Cancès aurait été abattu par un terroriste prêt à tout et la main sur son arme.

— Quand on l'a arrêté, en mars suivant, je lui ai demandé s'il m'aurait flingué ; il a répondu : « Si vous étiez sorti de la voiture, j'aurais ouvert le feu sans hésiter. » Je lui ai rappelé qu'il affirmait lors de nos précédentes rencontres ne pas être un tueur, il a dit : « Si ma liberté passe par la mort d'un flic, je n'hésite pas. »

Après ces mots, Claude Cancès fait une pause, le temps d'une gorgée de café :

— Oui, Jean-Marc m'a sauvé la vie, c'est indiscutable, il a eu le bon réflexe !

Quelques minutes après avoir été repérés par Schleicher, les policiers voient sortir le trio d'Action Directe : ils sont chauds bouillants, prêts à tirer au moindre mouvement de l'Antigang... À quelques mètres de là, une école, la sonnerie de la sortie retentit. La rage au cœur, Claude Cancès prend la radio et lance :

— Topaze 1 à tous, on ne bouge pas !

Rouillan, Schleicher et Ménigon se fondent dans la foule et s'échappent. Les RG coincent un membre du groupe, l'Italien Vincenzo Spano, anarchiste et braqueur. Dans l'appartement, les policiers découvrent des armes, des tracts, des explosifs.

De retour au 36, Cancès laisse éclater sa colère. Le policier a un caractère explosif, il grimpe très vite au plafond pour en redescendre aussi rapidement. Ses gueulantes sont aussi violentes que brèves. « Vous ne seriez pas basque ou catalan ? » lui a un jour demandé en souriant son directeur, Pierre Touraine.

Ce dernier rentre justement du bureau du préfet. En homme avisé, pur produit du 36, quai des Orfèvres, Touraine fait le paravent entre le préfet Fougier et les hommes de terrain.

— Cancès, le préfet n'est pas content ; pour lui, les RG ont fait du bon boulot et vous, vous avez raté l'intervention.

Pierre Touraine a encaissé la colère du préfet, conscient que si Claude Cancès avait été présent, personne n'aurait pu lui faire « fermer son plomb », selon son expression favorite : si le 36 avait été mis dans la confidence depuis le début, l'Antigang aurait pu organiser la planque et choisir son moment pour interpeller les terroristes. Au lieu de ça, une opération montée dans la précipitation a conduit à un fiasco. La paranoïa du préfet de police et la servilité des Renseignements Généraux en sont totalement responsables :

— J'ai eu Bouchoux au téléphone le soir même, j'ai hurlé ! J'étais d'autant plus en colère que Bouchoux et son patron Michel Lacarrière sont des copains. Je ne supporte pas le manque de confiance, j'ai failli me faire buter dans cette histoire ! raconte Claude Cancès.

Avertie, la presse en rajoute, des articles sortent sur la guerre entre les RG et la Police Judiciaire, une campagne observée de près par ceux qui n'ont pas perdu espoir de casser le 36, de rattacher directement Paris au ministère de l'Intérieur. Le préfet tente un geste d'apaisement, un maladroit déjeuner organisé à la préfecture réunissant les chefs des RG et de la PJ. Cancès prétexte une mission pour décliner l'invitation :

— J'avais dit ce que j'avais à dire, il n'y avait pas de guerre des polices, donc… Touraine n'était pas content, le préfet non plus. Des gens bien intentionnés ont affirmé que ça allait me coûter ma carrière, d'autres ont raconté aux journalistes que j'avais présenté ma démission.

Il hausse les épaules.

— Conneries ! Je suis resté plus longtemps au 36 que le préfet boulevard du Palais.

Le préfet sera en effet démissionné par Charles Pasqua en 1986, tandis que Claude Cancès restera à la tête de l'Antigang jusqu'en 1987.

Et Action Directe dans tout ça ?

L'Antigang ne lâche pas l'affaire ; au contraire, certains sont piqués par le ratage de Levallois, comme Roger Stella :

— On était furieux, on les avait à quelques mètres de nous !

Mais la brigade a une carte dans sa manche : Hélyette Bess !

Proche depuis les débuts du groupe, elle est surnommée la « mama ». Elle tient la librairie anarchiste « Le jargon libre », dans le 13e arrondissement de Paris. Celle que les Italiens des Brigades Rouges ont aussi appelée « la vechietta » (la vieille) est une militante née en 1930. Elle détonne par rapport aux Rouillan, Ménigon ou Schleicher ; sa silhouette corpulente ne la prédispose pas à l'action pure, mais elle est une pièce maîtresse d'Action Directe : la gestion des planques, des papiers, de l'intendance est son rayon. Grâce à son parcours, nous pouvons comprendre l'idéologie du groupe. Les gauchistes révoltés des années 1970 sont devenus des terroristes par paliers. Des occupations d'ateliers clandestins, ils sont passés aux attentats ciblés et sans victimes : mitraillage de la façade du CNPF (ancêtre du MEDEF) ou des bâtiments du ministère de la Coopération... Ils « montent au braquo[1] » pour assurer le train de vie de leur mouvement. La lutte contre l'impérialisme capitaliste, les

1. Braquages.

symboles de la puissance de l'État, le grand patronat et la défense du prolétariat, sont leur credo.

Un combat de plus en plus radical, dans lequel la « mama » s'implique. Pour les policiers, elle est le fil ténu qui peut les conduire au trio de tête d'Action Directe, la seule à n'avoir pas basculé dans la clandestinité, une partie visible de l'iceberg en somme.

Mais, en mars 1984, la filature a cassé, le fil s'est rompu, Hélyette Bess est dans la nature. Jusqu'à ce que le hasard vienne s'en mêler.

Le hasard a un œil aiguisé, celui d'Odile Fairise, ancienne inspectrice à la documentation de l'Antigang et première femme à intégrer la prestigieuse Brigade Criminelle. Venue un jour de mars retirer un billet de train à la gare de l'Est, elle tique en reconnaissant Hélyette Bess à un guichet. Trois ou quatre clients se trouvent entre la « mama » et elle. Odile Fairise balaye les alentours d'un regard professionnel. Pas de doute, aucun policier de l'Antigang n'est présent ; celle que sans pitié les flics baptisent « la grosse » n'est pas filée ! La jeune femme se précipite au guichet, montre sa carte :

— Police Judiciaire, pouvez-vous me dire où va la dame qui était là ?

— Strasbourg, le prochain train.

— Merci.

En ces temps pré-téléphone mobile, il n'y a pas 36 (si j'ose dire) solutions : Odile se précipite dans la première cabine téléphonique. Elle entend la sonnerie du standard de l'Antigang, « allez, décroche ! »…

— BRI, j'écoute.

— Oui, c'est Odile.

— Oh, salut, Odile, comment ça se passe à la Crim' ?

— Écoute, je suis à la gare de l'Est, j'ai Hélyette Bess en visuel, ramenez-vous, elle prend le prochain train pour Strasbourg.

— Oh, putain… On arrive.

Gueulante, cavalcade, Bloch rameute ses troupes, nous sommes un samedi et le patron n'est pas de permanence, on le prévient dans la foulée. Les escaliers sont avalés, deux voitures giclent du 36, gyrophares allumés et sirènes enclenchées.

Moins de vingt minutes plus tard, le train pour Strasbourg s'ébranle. Hélyette Bess et sept inspecteurs de l'Antigang sont à bord.

La filature se poursuit en Belgique, base arrière d'Action Directe. Les flics belges échouent à arrêter le fameux trio lors d'un piège dressé au moment où ils doivent rendre une voiture louée. Les terroristes réussissent à prendre un policier en otage, puis s'enfuient.

L'Antigang a toujours Hélyette Bess dans le viseur, pas question de la perdre. Un informateur des RG affirme que la « mama » s'apprête à rejoindre Schleicher. Pour l'heure, revenue à Paris, elle est hébergée chez des amis, dans le 20e arrondissement, elle descend régulièrement à la cabine téléphonique au bas de l'immeuble. Durant des jours, l'Antigang planque, la cabine a été placée sur écoute. L'indicateur des RG se fait plus précis, Hélyette Bess rejoindra Régis Schleicher d'ici trois ou quatre jours, pas avant. Jean-Marc Bloch entre dans le bureau de Cancès, il n'a d'ailleurs qu'une porte à pousser :

— Écoute, les gars sont épuisés, on sait qu'elle ne va pas bouger tout de suite, on devrait lever le pied, on se remet en planque demain.

— Je suis d'accord.

Les chefs de groupe sont réunis et informés, la décision patronale remporte la quasi-unanimité… à une voix près, celle de Jean-Pierre Moreau :

— Écoutez, patron, si elle descend ce soir pour un coup de téléphone important, on est marrons ! On devrait laisser une borgnotte sur la cabine…

Une « borgnotte », c'est une surveillance légère assurée par deux policiers. Deux hommes de l'Antigang vont donc passer la nuit en planque. « Jipé » Moreau s'est-il souvenu de la planque levée sur deux petits voyous présumés complices de Mesrine quelques heures avant qu'ils le rejoignent ?

— Jean-Pierre était le seul chef de groupe que je ne tutoyais pas. C'était un vrai chien de chasse, qui ne lâche jamais rien, il a parfaitement senti le truc, souligne Claude Cancès.

Intuition et précaution quasi géniales. La « borgnotte » voit effectivement sortir Hélyette Bess, mais pas pour téléphoner : elle prend un taxi et s'en va ! Les deux policiers sautent dans leur voiture ; à mots couverts par radio, ils préviennent le 36 : les radios de l'époque sont aussi bien écoutées par les journalistes que par les voyous. Quelques minutes plus tard, Hélyette Bess entre dans la gare de Lyon, vingt inspecteurs de l'Antigang aux basques. Tirés de leurs lits, arrachés à une soirée familiale, ils ont foncé. Cancès lui-même n'a pas mis un quart d'heure pour être sur place.

Jean-Marc Bloch embarque dans le train avec quelques hommes, le patron retourne au 36, il suivra la filature de loin. L'intuition du chef de groupe Moreau a payé :

— La chance sourit à ceux qui la provoquent, lance aujourd'hui le retraité J.-P. Moreau, du haut de ses vingt-quatre ans à l'Antigang (1974-1998).

Une affaire qui se termine le 15 mars 1984 par l'arrestation dans une maison du Pontet, près d'Avignon, d'Hélyette Bess et de Régis Schleicher. Lors de l'enquête, la police apprend que Schleicher a loué durant un temps une maison dans le Loiret sous le nom de… Cancès. Terrorisme et provocation vont de pair.

Pour l'Antigang, la traque d'Action Directe n'est pas finie. Les policiers vont encore travailler sur le dossier, comme tous les services de France quand les terroristes passent à la vitesse supérieure : les assassinats ciblés. Le général Audran, le chauffeur de l'ancien ministre Alain Peyrefitte, le PDG de Renault Georges Besse, sont abattus.

C'est le travail des Renseignements Généraux et de la DST (Direction de la Surveillance du Territoire) qui met un point final à leur trajectoire. Logés dans une ferme du Loiret, nichée au sein d'un hameau près de Vitry-aux-Loges, Rouillan, Ménigon, Aubron et Cipriani sont arrêtés le 21 février 1987 par une unité créée deux ans auparavant par un certain Robert Broussard, le RAID. Cette nouvelle force d'intervention est dirigée par Ange Mancini, qui a mené l'assaut avec un « léger » handicap. Une anecdote dont se souvient Claude Cancès :

— Les familles Mancini et Cancès sont parties ensemble aux sports d'hiver. Ange se casse la figure, il a mal, mais en bon têtu, refuse de voir un toubib. Il retombe et là n'a pas le choix. Le médecin rigole, lui dit : « Heureusement que vous n'avez pas une troisième clavicule. » Quelques jours après, c'est Vitry-aux-Loges, il a dirigé les opérations avec les deux épaules bloquées !

Et Action Directe, en conclusion :

— Ils nous auront bien fait courir, j'avoue que les divers face à face avec Schleicher m'ont marqué. Petite frustration : on avait travaillé durant des mois sur cette affaire et on n'a pas été payé tant que ça sur les résultats. Avignon, c'est un beau coup de filet, mais on aurait bien aimé « sauter » Rouillan, Ménigon et compagnie... Mais, bon, on était passé à autre chose.

Plus « amateur » de bandits « classiques » que de terroristes, l'Antigang va être servie et trouver un gibier à sa mesure : le gang des Postiches.

XVII

LES MASQUES TOMBENT

Voici d'abord le temps des honneurs. C'est un vendredi 13 que se produit un événement unique dans l'Histoire de la Cinquième République. En fin d'après-midi, vers 19 heures, Pierre Touraine appelle Claude Cancès par la ligne directe :

— Cancès, je ne peux rien vous dire, mais pouvez-vous réunir vos gars dans la demi-heure ?

— Monsieur le Directeur, vous connaissez la réponse, je lance un appel et les gars arrivent. Je ne vous promets pas toute la brigade, mais il y aura les trois quarts des effectifs.

— Très bien.

Claude Cancès raccroche, un peu interloqué. Qu'est-ce qui se prépare ? Quelques minutes plus tard, le téléphone sonne de nouveau :

— Cancès, vous pouvez venir ?

Le patron de l'Antigang descend chez le directeur. Pierre Touraine a le visage grave et l'air encore plus sérieux que d'habitude :

— Le Président Mitterrand va passer ce soir, tard, vers 23 heures. Il veut visiter la Brigade. C'est top secret.

Le vendredi 13 janvier 1984, en pleine nuit, François Mitterrand entame une visite impromptue des services de police de Paris. Il reste, à ce jour, le seul président de la Ve République à s'être rendu 36, quai des Orfèvres. C'est le patron de l'Antigang qui sert de guide, le dialogue vise à rassurer les policiers. Par ce geste, François Mitterrand cherche à calmer le jeu :

— Vous faites un beau métier, vous exercez une profession que vous avez choisie, et vous le faites bien. Ma foi, quand il arrive que vous ayez à intervenir comme cela, et pour des causes particulièrement nécessaires, on ne peut que vous remercier. Cela n'empêche pas que demain, après-demain, les jours qui viendront, il faudra recommencer. Vous avez dit « toujours disponible », je ne sais pas au bout de combien de temps on s'use à ce métier, on le fait des mois, des années ?

— Dans ce service, je crois que, effectivement, il y a un seuil à ne pas dépasser mais certains chefs de groupe sont là depuis de nombreuses années, Monsieur le Président.

Sur l'une des rares photos de l'événement, on voit un Président marchant dans les couloirs du 36 à côté de Claude Cancès en blouson de cuir, avec cravate pour l'occasion. Cette visite intervient après la prise d'otage de Lionel Cardon, l'homme à l'écharpe blanche, en plein cœur de la traque d'Action Directe. Un incident qui aura des conséquences se produit vers la fin du *PJ-tour* présidentiel : François Mitterrand traverse le service des Stupéfiants et découvre un interrogatoire auquel assiste une journaliste du *Figaro* :

— La visite était si secrète que personne n'était prévenu. Mitterrand a tiqué… Quelque temps après,

Defferre faisait interdire le quai aux journalistes, se souvient Claude Cancès, guide d'un soir.

Arrivé devant le palier de la Brigade Criminelle, le chef de l'État fait un demi-tour sec : pas question de rencontrer les « frondeurs » de la Crim'. L'affaire Leclerc est fraîche ; de plus, François Mitterrand ne garde pas un bon souvenir des lieux, il y a été entendu et accusé d'avoir monté un « auto-attentat » bidon en 1959, la fumeuse histoire du Jardin de l'Observatoire.

— Voilà, je n'ai rien d'autre à vous dire. Je vais continuer ma nuit dans d'autres endroits pour rencontrer certains des vôtres, qui ont des tâches différentes, mais pour moi, c'est une chose utile que de vous avoir vus, comme cela, c'est plus agréable qu'à travers des photos, de temps en temps, ou simplement parce qu'on lit dans des articles. Bonsoir. Au revoir, messieurs.

— Au revoir, Monsieur le Président.

Claude Cancès est loin d'imaginer que, quelques années plus tard, devenu directeur du 36, il ira à l'Élysée, non comme visiteur mais pour mener les investigations sur le suicide du conseiller de François Mitterrand, François de Grossouvre, le 7 avril 1994.

En 1984, les truands n'ont pas fait de pause pour laisser tranquillement la brigade s'occuper d'Action Directe. Un gang fait même courir la plupart des services de police.

Les Postiches.

Le nom claque, il fait penser au masque d'Arsène Lupin, à la figure romanesque du bandit grimé, au desperado de western avec son foulard sur le bas du visage. On en est loin, mais le gang des Postiches a durablement marqué l'histoire du Grand Banditisme.

Vous vous souvenez de la prise d'otages de la place de la République ? Un échec pour l'Antigang, qui, dans la nuit du 27 au 28 février 1975, a dû laisser filer deux braqueurs meurtriers : un caissier a été abattu au début du hold-up, ainsi qu'un troisième truand. Le lendemain, c'était la fusillade du « Thélème ». La BRB n'a, elle, pas lâché l'histoire : normal, la Brigade de Répression du Banditisme est un service d'enquête, l'Antigang est déjà passée à autre chose. Les policiers de la BRB pensent identifier les deux auteurs : Mohammed Badaoui et André Bellaïche. En fuite l'un et l'autre, ils sont condamnés à mort par contumace (en 1991, Bellaïche – qui a toujours clamé son innocence – sera acquitté).

Badaoui est abattu le 29 octobre 1980 à Paris après avoir brandi son arme contre un motard de la police ; le voyou avait négligé le principe même du « cavaleur » : ne jamais brûler les feux rouges !

Les deux B sont des enfants de Belleville, un quartier encore populaire dans ces années-là. Belleville, c'est le lieu de rencontre entre ceux de la banlieue sud, Montreuil, Bagnolet, et ceux de Paris. Ils sont loin d'être des anges et cherchent « le truc ». La bonne combine, le mode opératoire qui permet de « monter au braquo » en minimisant les risques et en se remplissant les poches, un nouveau mode opératoire qui laissera la police « en croix [1] », incapable de réagir.

Ils vont trouver.

Qui a eu l'idée ? Avec le temps, ceux qui peuvent et veulent parler ont affirmé « c'est moi » ou « c'est lui », selon les cas et le délai de prescription légale des délits. C'est comme l'affaire du vase de Soissons, ce fait

1. En panne.

divers jamais résolu. On sait que le vase a été brisé, mais par qui ?

Peu importe, voici venu le temps d'une alliance aussi géniale que dévastatrice : celle des braqueurs et des casseurs. En 1981, la victoire de François Mitterrand fait souffler des vents contraires : un mistral d'espoir et une tramontane de peur. Pour les uns, il s'agit de « changer la vie » ; pour les autres, « les rouges vont tout prendre ». Dans le camp des perdants, on se fait peur, on parle des chars russes qui seront bientôt à Paris. Alors, le notable, le rentier, celui qui a quelques biens, panique. Les plus fortunés savent cacher leur argent, à l'étranger ou dans quelques endroits intouchables. Les autres se précipitent à la banque, remplissent les petits coffres. L'un des piliers de la bande, Bruno Berliner, se souvient d'avoir en 1978 fracturé une série de petits coffres de ce type lors du braquage du Bowling de la Matène, celui qui servit de décor au cultissime *Tontons flingueurs* :

— C'était du beurre et depuis mai 1981 c'est bourré à craquer.

C'est là qu'est l'argent. Les banques ont adapté leurs habitudes à la vague des hold-up des années 1970, les chambres fortes sont inaccessibles et la caisse contient le minimum de liquide. Un ex-fiché du Grand Banditisme, rescapé de cette période, m'a expliqué :

— On a vite compris que les risques étaient disproportionnés ; j'ai fait un coup en 1980 qui a nécessité deux mois de boulot et rapporté 20 000 balles (environ 3 000 euros). Les assises pour deux briques ? Non merci !

Braqueurs et casseurs de Belleville et de banlieue échafaudent leur nouveau mode opératoire, il est simple et brillant : les premiers entrent dans l'agence bancaire et font leur boulot, tenir en respect clients et employés, dans le calme. Les seconds descendent dans la salle des coffres particuliers et ouvrent les petites alvéoles au marteau-burin.

Surnommés « boîtes de sardines », les coffres de Monsieur et Madame Toutlemonde sont le talon d'Achille des banques.

Pour parfaire le tout, les membres du gang décident de se grimer : en rabbin, en Anglais, en Russe, avec de fausses barbes, des perruques, des lunettes bidons... Intelligence de la combine, la banque reste ouverte durant tout le casse, les Postiches du haut « réceptionnent » les clients et les font descendre vers la salle des coffres où ils seront mis sous bonne garde par le reste de l'équipe. De l'extérieur, l'agence fonctionne normalement. Ils pensent à tout, intervertissent les déguisements, s'interpellent par des surnoms, « la glue », « le gros », « Schubert », « Milord »...

Le 29 septembre 1981, trois hommes attaquent la BNP de la rue du Docteur Blanche, dans le 16e arrondissement. Il est midi, l'agence est déserte, en trente minutes huit tirelires sont ouvertes : 11 000 francs de butin (ce qui représente 3 821 euros constants en 2014). Un bon repas pour les braqueurs, avant une seconde banque l'après-midi avec un gain plus conséquent de 330 000 francs (soit 114 735 euros 2014).

Les Postiches viennent de faire leur première apparition publique. Trois hommes ont mis au point un mode opératoire quasi parfait. Bruno Berliner, dont le frère, Gérard, chanteur, connaîtra la célébrité avec un tube, *Louise*, Robert Marguery, dit « bichon », et un anonyme, un discret. André Bellaïche ? Peut-être : longtemps la presse a affirmé qu'il était le cerveau du gang... Le malin, jamais condamné pour les hold-up, a toujours affirmé qu'il n'était que le faussaire de la bande, celui qui fournissait les « tocs[1] » postiches, sans être postiche, tout en étant postiche. Il en a même fait un livre, *Ma vie sans postiche* (éditions First), où son implication oscille au gré des délais de prescription des faits.

Du 29 septembre 1981, jusqu'au 14 janvier 1986, ils vont écumer les banques de la région parisienne. Quatre ans et demi à faire courir la police avec un mode opératoire déroutant, innovant et quasi imparable. Les Postiches se renforcent : on passe vite à quatre, puis à sept. Ceux de Belleville sont renforcés par les banlieusards. Parfois d'autres se joignent à eux, mais le noyau dur est constitué.

Marguery, Berliner, Geay, Chellaoui, Myska, Hernout et l'inconnu peaufinent leur méthode. Bruno Berliner, trop brusque, pas assez zen, va au sous-sol avec les casseurs. Ils intervertissent les déguisements dans la banque pour perturber les témoins, sélectionnent des agences avec des façades aveugles, volent les bandes de vidéo-surveillance avant de quitter la banque. Ils partent en voyage pour laisser retomber la pression entre deux campagnes de braquages. Ainsi, entre 1984 et fin 1985, les Postiches lèvent le pied durant vingt-deux mois.

Et ils narguent, se moquent. Ils font irruption dans les agences en lançant « Contrôle Fiscal », ou enfilent le masque du ministre de l'Intérieur Gaston Defferre pour braquer. Dire que le ministre le prend à la rigolade serait exagéré : l'humour marseillais a ses limites. Les Postiches sont un peu trop au goût de la police

1. Faux papiers.

dépeints comme des bandits malins, qui ne s'attaquent qu'aux coffres des petits bourgeois :

— Mais, bien sûr, j'ai vu des gens en larmes parce qu'on leur avait volé toutes leurs économies, d'autres anéantis parce que des souvenirs avaient été embarqués. Les Postiches sont des voyous, c'est tout, tranche Claude Cancès.

L'Antigang contre les Postiches, voilà un beau combat.

Sauf que c'est, au départ, la BRB qui s'occupe de l'affaire. Logique, il s'agit d'une enquête, de partir des crimes pour remonter aux criminels. Il n'y a aucun tuyau, aucune filature, pas de surveillance à mettre en place : personne ne sait qui se cache sous les masques des Postiches, personne ne parle, l'Antigang n'est pas concernée. En 1984, un nouveau chef débarque à la Brigade de Répression du Banditisme, Raymond Mertz.

Or, les Postiches, il connaît. Commissaire à la 2e Brigade territoriale, il fut en septembre 1981 le premier policier à constater les dégâts du gang. Depuis, au gré des hold-up, il assiste à l'impuissance de la police, y compris les superflics du 36. En avril 1984, il est aux commandes.

Raymond Mertz est sans doute le plus apte à mener la chasse aux braqueurs, lui qui connaît le milieu mieux que quiconque. Un ancien de la maison en est toujours resté admiratif :

— Un jour, je lui dis qu'on était sur tel voyou, il m'a récité son casier judiciaire, les noms de ses complices, ses habitudes, il était bluffant. Il faisait ça tout le temps, pas besoin d'aller aux fichiers, on avait le patron !

Un patron qui commence par une colère mémorable. Le dossier des Postiches est vide, les inspecteurs sont traités de « branleurs ». Raymond Mertz le martèle :

— Les Postiches, c'est l'objectif numéro un !

Et le patron gueule, ne laisse aucun répit à ses hommes ; il travaille quinze heures par jour et ne comprend pas que les autres ne suivent pas son rythme infernal. Il exige que tous les indics soient « secoués » :

— Je veux ces types et je les aurai.

À partir de 1984, un phénomène brouille les pistes : les imitateurs. Ils travaillent comme les Postiches, se griment, braquent et cassent, mais ce ne sont pas les Postiches, juste des petits malins qui ont repris la bonne idée et l'on adaptée à leur terrain de jeu provincial. Certains voyous en profiteront pour se faire un nom et clameront plus tard avoir été membres du gang des Postiches… De Roubaix ou de Nice !

Mertz n'a pas de chance, il arrive à la BRB au moment même où le gang fait une longue pause. Durant celle-ci, la police fourbit ses armes.

L'Antigang est dans le coup, elle aussi a été mise sur la piste des Postiches. Les banques se plaignent, le nombre d'attaques d'agences explose. Les autorités organisent des réunions entre les divers responsables. Jean-Marc Bloch a un copain dans la place :

— J'avais un ami au consortium des banques, je lui ai glissé que, de toute façon, nos radios étaient écoutées par les voyous grâce à leur scanner. Il nous fallait des modèles cryptés. Ce sont les banques qui nous ont équipés en Motorola dernier cri ! Mais c'étaient les débuts de ce type de matériel et ça ne fonctionnait pas toujours, il y avait des zones blanches.

Les banques comprennent qu'en matière de sécurité, il leur faut agir. Pour contrer les Postiches, elles entreprennent de sonoriser les salles de coffres et de les équiper en détecteurs de vibrations. En cas de bruits suspects, l'alerte est donnée par une centrale en relation directe avec l'état-major du 36.

Le plan Ballon est né !

— Si les banques n'avaient pas sécurisé les salles, si on n'avait pas été équipées en radios codées, on aurait couru longtemps après les Postiches, affirme Claude Cancès.

Dès que la centrale reliée à la banque donne l'alerte, les policiers de l'Antigang et de la BRI reçoivent par radio un code simple « Ballon » suivi du numéro de l'arrondissement concerné. Aussitôt ils basculent sur les radios cryptées pour recevoir les ordres. Le plan est d'arriver sur les lieux alors que les Postiches sont encore dans l'agence, de mettre en place un dispositif et d'attendre la sortie. C'est alors l'Antigang qui applique sa méthode habituelle : suivre les voitures des truands et les arrêter plus loin, lorsque la pression est retombée.

— Des plans Ballons, il y en avait chaque semaine. On partait comme des dingues et au final c'était du vent. Des travaux dans la rue qui déclenchaient les détecteurs de vibrations, une alarme mal enclenchée, un type qui avait mal fermé une porte, une erreur de la centrale de surveillance, un coup de parano…, se souvient « Petit Roger » Stella.

Claude Cancès, dans la cérémonie des vœux 1986 de l'Antigang, glisse dans son petit discours que les policiers de la BRI se sentent, par la grâce de ces alertes, comme des « pompiers qui partent sans cesse éteindre des incendies imaginaires » – en filigrane le message du colérique chef est clair : « Ras le bol de vos ballonneries. »

Mais, le 14 janvier 1986, c'est du sérieux. Vers 15 heures, des vibrations déclenchent les détecteurs de la salle des coffres du Crédit Lyonnais de la rue du Docteur Blanche. La centrale ouvre les micros, rien. Les casseurs ont pris leurs précautions, ils les ont obstrués. Mais des voix étouffées se font entendre. L'alerte est lancée. Une de plus ? On pourrait le penser : le matin même la méthode Postiche a été utilisée dans une agence bancaire boulevard Gouvion-Saint-Cyr.

Au 36, c'est le départ en trombe habituel, la descente de l'escalier, les véhicules qui démarrent.

Les policiers redoutent ce type d'intervention, au dernier moment, sans savoir combien de truands sont en face, avec un repérage minimum.

— J'appelle ça des conditions de Police Secours pas d'Antigang, explique Jean-Pierre Birot, numéro 2 à l'époque.

Cette fois les premiers policiers arrivés sur place comprennent que ce Ballon-là n'est pas un ballon d'essai, mais le gros coup. Les flics de la BRB et de la BRI tissent leur toile d'araignéc. La ruc du Docteur Blanche est en sens unique, ce qui facilite le travail. L'inspecteur Fabiani de la BRB s'installe dans un commerce en face de la banque et prévient Cancès, qui est en route avec le numéro 2 de la BRB, Christian Gallo :

— De Rubis 36 à Topaze 1, je vois des gens entrer, mais personne ne sort, ça a l'air sérieux.

Le patron de l'Antigang apprend une mauvaise nouvelle, il y a des trous dans le réseau radio classique et les communications cryptées passent mal. Il va falloir donner les consignes avec les moyens du bord, en piéton.

Sitôt arrivé, Cancès, qui dirige l'intervention, est très clair :

— Topaze 1 à tout le dispo, je répète les instructions : pas d'intervention sans le feu vert de Topaze 1 ou de Rubis 1.

Rubis 1, c'est Raymond Mertz. Les deux hommes sont dans la même voiture, car la radio de celle de Cancès vient de se croiser les bras.

À 16 h 20, le central d'écoute via l'état-major PJ signale que les bruits ont cessé, les voyous s'apprêtent à sortir. Rubis 36 confirme l'information :

— À tous, deux individus sortent et chargent des sacs dans une R4 camionnette blanche.

Aux premières loges, Fabiani poursuit :

— Rubis 36 à tous, ils sont en train de partir, relax, rien dans les mains, ça part en douceur.

Le patron de l'Antigang veut alors se rapprocher :

— Essaie de te garer plus près de la rue du Docteur Blanche, la filature va démarrer.

Effectivement, deux voitures – la Renault 4 et une Volkswagen Jetta – s'en vont, BRB et BRI s'apprêtent à suivre. Deux hommes sont dans la R4, un autre dans l'allemande.

Hélas, à partir de cet instant-là, tout va dérailler. La voiture patronale termine sa manœuvre rue Heine, quand deux autres truands débouchent à pied. L'inspecteur Lastère de la BRB lance l'alerte :

— Topaze 1 et Rubis 1, dégagez, ça vient vers vous.

La communication est inaudible ; les deux patrons voient Lastère parler dans son Motorola, mais c'est une histoire sans paroles.

Par un hasard effroyable, la Renault 5 GT Turbo des deux braqueurs est garée à quelques mètres de la place où la voiture de la BRB vient de s'installer, juste de l'autre côté de la rue.

Tout va aller très vite, les policiers ont vu les deux piétons s'avancer vers eux, ils comprennent à leur allure que ce sont les deux derniers braqueurs. Claude Cancès ne songe qu'à une chose :

— Qu'ils se cassent vite !

Le premier se glisse au volant de la puissante R5, le second jette un coup d'œil aux alentours. Raymond Mertz gicle de la voiture, flingue en main.

— Je vois Mertz aller se placer devant la R5 et ouvrir le feu, trois fois, sur le chauffeur. Je le suis, je vois bien que le conducteur n'a pas de flingue, il a les mains sur le volant. Je crie : « Raymond, arrête de tirer », me raconte Claude Cancès en dessinant le plan de l'intervention pour bien se faire comprendre.

Trop tard ! Le passager s'enfuit, en tirant sur un autre inspecteur qui riposte et le blesse. Mertz et Cancès arrachent le conducteur avec difficulté, l'homme se débat, il est chaud bouillant, essaye de prendre son revolver. Il est enfin maîtrisé avec l'aide de trois autres policiers.

Tout va mal, les policiers ne savent pas que les Postiches ont l'habitude de partir du lieu du braquage en convoi. La R4 et la Jetta n'ont pas pris le large, elles ont tourné à droite pour faire le tour du pâté de maisons et rejoindre la R5 GT Turbo. Du coup, les voyous entendent les coups de feu.

— Dans un cas comme celui-ci, c'est chacun pour soi ! 80 % des voyous auraient écrasé l'accélérateur, mais eux, non, affirme un des hommes de la BRB encore en activité aujourd'hui. On les a vus piler net, descendre et remonter la file des voitures garées, calibres à la main.

Toutes les certitudes des policiers sont ébranlées.

— C'est la seule fois de ma carrière où j'ai vu des voyous chercher le contact au lieu de se planquer ou de s'enfuir, raconte Claude Cancès.

Il n'a pas eu le temps de réfléchir, à peine la bagarre de la rue Heine se termine qu'il perçoit le bruit d'une fusillade. Très proche. Il se précipite, entend des cris « otage », « otage » et se retrouve face à un des truands qui tient son calibre sur la tempe de l'inspecteur Ulmer de la BRB. Le chien du revolver est relevé. Derrière eux, deux corps sont allongés sur la chaussée.

— Lâche ton flingue !

Cancès obéit, jette son arme, le braqueur et son otage se dirigent vers la rue Heine, lieu des premiers coups de feu.

Le patron de l'Antigang récupère son arme et va voir ce qui s'est passé. Deux truands ont donc pris tout le monde à revers, l'un a pris comme otage un policier coincé dans sa voiture. Un inspecteur de l'Antigang a giclé du véhicule, le second Postiche a tiré, le flic aussi.

Les deux hommes tombent, face à face. Jean Vrindts, un ex de la BRB venu à l'Antigang, est en train de mourir. Cancès comprend vite que c'est grave, le SAMU est en route, le commissaire fait dégager la R4 des Postiches laissée au milieu de la route pour que l'ambulance ait la voie libre. Puis il retourne vers la rue Heine :

— Et là je vois Jean-Pierre Birot à terre, avec du sang qui coule de sa tête. Je me dis : « Il est mort. »

Birot, c'est l'ami, le numéro 2, celui que Cancès a fait venir de la Crim' pour remplacer Jean-Marc Bloch. Les deux hommes me racontent l'histoire chez Claude Cancès, assis en buvant un café.

— J'entends gueuler autour de moi : « attention otage », le type hurle : « libérez mon copain », le gars de la R5 qu'on avait menotté. Moi, je ne comprenais pas comment un des braqueurs pouvait surgir derrière nous ! Il s'énerve, trouve que je ne vais pas assez vite, je me baisse pour déposer mon arme, et quand je me relève, j'ai du sang plein la figure. J'ai cru que j'avais pris un coup de crosse, j'étais tellement dans mon truc que je n'ai pas entendu le coup de feu.

La balle a effleuré le crâne du commissaire, qui se relève.

— J'ai bien failli ne plus jamais boire le café avec Claude !

Pendant ce temps, les deux Postiches et leur otage ont pris une R9 de la police et un autre inspecteur comme chauffeur. Dans un crissement de pneus, gyrophare et sirène en action, ils s'enfuient. Une course-poursuite s'engage avec d'autres policiers venus en renfort qui ne savent pas que les truands détiennent deux des leurs ; la R9 sème ses poursuivants mais à un moment décolle sur un terre-plein. Lors du changement de véhicule, les deux otages s'échappent, mal en point car les braqueurs tirent sur l'un et ont bien bousculé l'autre.

Le bilan est lourd : un truand tué, Jean Vrindts qui meurt sur le bitume, le commissaire Birot blessé à la tête, l'inspecteur Rolland avec une balle dans la cuisse, et Ulmer qui s'est fait casser les dents.

Lorsque la Brigade Criminelle, saisie de l'affaire puisqu'il y a mort d'homme, arrive sur les lieux avec le substitut du procureur, Laurent Davenas, elle découvre un champ de bataille. Deux morts allongés, des traces de sang, des voitures en travers, des billets de 500 francs qui jonchent le sol… Un Postiche est assis, menotté, sans que personne ne s'occupe de lui. C'est le passager de la R5 GT Turbo, touché par un policier alors qu'il tentait de fuir. La Crim' essaie d'y voir clair, les inspecteurs se regardent abasourdis, sous le choc.

C'est un fiasco.

Et ce n'est pas fini.

XVIII

LES RIPOUX

Le butin des deux hold-up de la journée des Postiches est récupéré. Bruno Berliner, que la presse présente comme le chef du gang, est mort, Robert Marguery arrêté. Voilà pour les résultats d'une opération qui a mobilisé plus de soixante policiers sur le terrain. Pour le reste, Pierre Touraine, le directeur de la PJ, aimerait bien qu'on lui explique ce qui a mal tourné. Tous les regards se tournent vers Raymond Mertz. Celui-ci a une seule version : l'un des deux Postiches l'a détronché, il a dû sortir de la voiture. Seulement, au 36, les hommes ne l'entendent pas ainsi.

L'inspecteur Lastère de la BRB est également responsable syndical, il n'a pas quitté Raymond Mertz de toute l'opération, que ce soit des yeux ou du geste : il va même attraper son chef et le planquer derrière une voiture alors que l'un des Postiches braque son arme sur lui. Au retour du désastre, il est furieux, force la porte de Pierre Touraine et vide son sac :

— Mertz a merdé, il a tiré le premier, il a encore voulu jouer les shérifs. Pas question de continuer avec lui.

Touraine soupire, il a déjà sur le dos le préfet de police et le ministre de l'Intérieur.

En un clin d'œil, le récit de ces quelques minutes rue du Docteur Blanche fait le tour du 36. Les deux patrons de la BRB et de l'Antigang font leur rapport. Mertz maintient sa version, Claude Cancès l'appuie :

— On a été obligés de sortir de la voiture, on a été reconnus.

Mais quand Raymond Mertz affirme avoir tiré en riposte, Cancès le contredit et lui fait admettre la vérité.

C'est la crise, les inspecteurs des deux services se dressent contre leurs chefs. Mertz parce qu'il refuse d'admettre sa responsabilité, Cancès parce qu'il le soutient.

— J'ai considéré que je ne devais pas l'accuser, je suis le patron de l'Antigang, le responsable du dispositif, j'assume ! explique ce dernier.

Une enquête est confiée à Marcel Morin, ex-numéro 2 de l'Antigang à ses débuts, sous-directeur de la PJ. Le rapport de Morin est favorable à Mertz ; il ajoute de l'huile sur le feu en affirmant que les inspecteurs se sont planqués et que les patrons ont pris leurs responsabilités. Radio 36 fonctionne à plein tube, certains rappellent que Morin et Mertz sont tous les deux pieds-noirs. Lastère déboule de nouveau dans le bureau du directeur :

— Vous couvrez Mertz, on ne marche pas.

— La vérité, c'est que les inspecteurs sont des péteux ! lui rétorque Pierre Touraine excédé.

Ambiance.

Mais ce n'est pas tout. Car, dans le même temps, c'est-à-dire les 15 et 16 janvier 1986, 24-48 heures après la fusillade de la rue du Docteur Blanche, éclate l'affaire des ripoux. Claude Cancès revit la scène avec précision :

— Le préfet me demande de venir, c'était le 15, en début d'après-midi. Il convoque Touraine, un responsable syndical et Roger Stella, chef du groupe de Vrindts. Le préfet nous explique que, le matin même, le patron de l'IGS (Inspection Générale des Services, la police des polices) lui a appris que Jean Vrindts était la cible d'une enquête impliquant plusieurs policiers de la BRB et de l'Antigang. Ces flics feraient des braquages, des perquisitions bidon. Ils auraient même adopté le style Postiche avec perruques. Vrindts était convoqué par l'IGS, le préfet affirme que le dossier est solide.

Stupeur.

« Petit Roger » Stella est livide : il n'a pas vu venir le coup.

— J'étais sous le choc, un de mes gars, un ripou ? C'était inconcevable.

Jean Vrindts était le boute-en-train, un garçon surnommé « sonnette » (Vrindts, dring pour l'analogie) pas avare de blagues et de canulars.

Le préfet explique que, dans ces cas-là, il est impossible d'organiser des funérailles avec tous les honneurs dus à un policier mort en service, pas question de Légion d'honneur et de discours du préfet et du ministre de l'Intérieur. Si l'affaire sort dans la presse, on dira que la police a décoré un policier corrompu.

Claude Cancès avoue aujourd'hui avoir manqué de réflexe :

— J'aurais dû dire au préfet de nous montrer le dossier, insister sur le fait que Vrindts était mort en héros, demander les preuves, j'étais totalement abasourdi.

La nouvelle est annoncée aux policiers dans l'antichambre du directeur, c'est la consternation. Le commissaire Jean-Pierre Birot lance :

— Vous ne pouvez pas lui refuser la cour de la préfecture quand même ?

Ce sera accordé. Le 17 janvier, une cérémonie sinistre a lieu, la dépouille de Vrindts reçoit la médaille du mérite et la médaille de vermeil de la ville de Paris. Sans micro, Claude Cancès prononce quelques mots où perce sa colère.

— On a failli avoir un groupe de cinq ou sept braqueurs à l'Antigang, ils avaient tous demandé leur mutation pour la BRI et voulaient aller chez « Petit Roger » pour être ensemble, voilà les faits, affirment en chœur les anciens, Guy Chétard et Christian Truffinet.

La colère gronde, les inspecteurs se retranchent dans leurs bureaux, l'ambiance est épouvantable, lourde. Claude Cancès envoie trois lignes brèves et sèches au directeur : il demande sa mutation dans un autre service de la Police Judiciaire de Paris. C'est une démission polie, qui sera refusée. Le bouillant patron de l'Antigang s'est « pété » avec le directeur. Celui-ci a eu une phrase malheureuse :

— Les gars de la BRI sont les mieux payés, mais ce sont eux qui bossent le moins !

Le ton est monté, mais Pierre Touraine finit par faire entendre raison à Cancès, qui retombe en pression aussi vite qu'il monte :

— Accepter votre départ, c'est remettre de l'huile sur le feu.

Jean-Pierre Birot se souvient de ces jours terribles :

— On était seuls, Cancès et moi. Personne ne venait nous voir, le service ne tournait plus, l'atmosphère était irrespirable. On passait nos journées seuls dans le bureau.

— Heureusement que Birot et mes amis Querry et Mancini étaient là, ajoute Claude Cancès, qui conclut : Cette affaire m'a marqué à vie, parce que j'ai perdu un homme ce jour-là, avant tout. Le reste…

Le boulot petit à petit reprend le dessus. Bernard Pire, qui est passé commissaire et vient d'arriver à la BRB, désamorce l'affaire. L'ancien de l'Antigang calme les troupes ; il va voir Claude Cancès et lui assure que personne ne réclame son départ, que la colère des gars est surtout tournée vers la direction et Raymond Mertz.

Cette affaire sera exploitée au cinéma par Olivier Marchal, dans *36 Quai des Orfèvres*, film très sombre qui s'appuie sur le scénario écrit par l'un des policiers condamné pour corruption, puis amnistié.

1986, année très noire : Gérard Marlet, le malin, celui qui ne lâche jamais, se tue dans un accident de la route.

L'affaire Lorbert arrive à point.

C'est un enlèvement réalisé par quelques amateurs. Mais il aurait pu très mal tourner. Les kidnappeurs commettent l'erreur, pour brouiller les pistes, de se réclamer d'Action Directe. L'affaire, jusque-là dévolue aux gendarmes, est derechef confiée à l'Antigang. Claude Cancès convainc le père du PDG de faire confiance à la police. C'est Guy Chétard qui joue le rôle de celui qui remet la rançon :

— On a sauvé la vie du gars. Les types, dont l'un de ses employés, étaient des guignols, mais ils avaient les pelles et les pioches pour l'enterrer.

Dans ce genre d'affaire, il y a parfois des gags, comme celui-ci dont se souvient le même Chétard.

— Sur une prise d'otage, on a un gars qui lance à la radio : « ils rentrent avec détermination », on entend alors un autre collègue dire : « quoi, mais ils sont combien ? », « bien, trois », répond l'autre, « mais tu viens de dire avec détermination, c'est qui ? ».

Parfois, ce sont les revendications qui virent au comique. Roger Stella en rit encore :

— On avait des problèmes d'heures sup et ça râlait sec. Je n'étais pas représentant syndical, je n'aimais pas les gars qui avaient de l'avancement grâce à la politique. Mais comme j'étais l'un des plus anciens, je vais un jour grogner auprès de Claude Cancès. Je lui dis : « Patron, on fait des heures et des heures, mais on n'a rien. » Il s'énerve, me jette son portefeuille à la tête, il est assez « pétardier », il a crié : « Vas-y, sers-toi, que veux-tu que je fasse ? » J'ai pris un billet de dix francs, j'ai dit : « Patron, je vous remercie », il a éclaté de rire. Le billet, je l'ai toujours !

La vie continue, mais la brigade va encore tanguer.

XIX

LES ANNÉES NOIRES

Claude Cancès quitte l'Antigang en 1987. Lors de son départ, Jean-Pierre Birot s'arrange pour qu'il sorte du restaurant en dernier. Une haie de flics l'accueille à la sortie et tire une salve d'honneur en l'air. En plein Paris et en pleine nuit, ça fait désordre :

— On avait prévenu le commissariat du coin, mais ceux qui avaient des pistolets ont récupéré leurs douilles à quatre pattes, se remémore Christian Truffinet en riant.

Fin d'une époque. Jean-Marc Bloch prend le relais, les affaires s'enchaînent, la période n'est pas très agitée. De nombreux policiers de l'Antigang rejoignent le RAID. L'unité d'intervention a dépossédé la brigade de ses opérations en province, la Brigade Anti-Commando n'opère plus qu'à Paris. Le banditisme évolue, les attaques de tirelires, les fourgons blindés, ont le vent en poupe. C'est la naissance des bandes de cités.

L'Antigang commence à se couper, à s'isoler. Son histoire la rattrape, elle fait cavalier seul, le phénomène prend de l'ampleur après le départ de Bloch pour la PJ de Versailles. La brigade ne veut plus d'intervention avec d'autres services : la mort de Roland Lynck, les Postiches, ont laissé des traces. Lorsque Yves Jobic prend la direction de la BRI en 1998, tout va s'accélérer.

Yves Jobic est un surdoué, un flic promis à une brillante carrière dont la trajectoire faillit s'arrêter net en 1987. Alors patron des services de recherche de la 1re DPJ (Division de Police Judiciaire qui a remplacé les BT, Brigades Territoriales, à Paris), il est accusé de corruption et de proxénétisme. L'enquête ne peut établir les faits, elle repose sur des témoignages de prostituées et l'obstination d'un juge. Le commissaire est blanchi, le dossier vide. En 1996, il est nommé à la tête de l'Antigang. Un poste prestigieux qui apparaît cependant quelque peu surdimensionné à beaucoup. Dans le même temps, Frédéric Péchenard, futur Directeur général de la Police Nationale, ex-numéro 2 de la BRI, est nommé à la tête de la Brigade de Répression du Banditisme (BRB). Jean-Pierre Moreau garde un bon souvenir de « Pech » :

— Je faisais une surveillance, mais ça durait et ça ne donnait rien. J'ai plaidé ma cause auprès de Péchenard qui a d'abord dit : « C'est de la merde », avant de lancer : « Bon, OK, Jean-Pierre, tu as jusqu'à lundi matin. » On était le vendredi. Le lundi, on dégringolait non pas une, mais trois équipes de braqueurs.

Avec Yves Jobic, pas question de ça. Le nouveau patron est pressé, il veut des résultats, pas perdre de temps. Les petites affaires ? Ce n'est pas pour son service. Mais il se met à dos les historiques :

— Quand il y avait une merde, c'était la faute des autres, clame Guy Chétard, particulièrement remonté.

— En fait, les relations entre la BRB et l'Antigang se détériorent. Péchenard et Jobic ne s'entendent pas. La BRI joue en solo, il donne la procédure à la BRB une fois l'affaire faite, il ne parle même pas en amont. Du coup la BRB mène son travail jusqu'au bout et ne refile plus aucun tuyau aux antigangs, m'explique un ancien du groupe des VMA (Vols à Mains Armées) de la BRB. Péchenard appelle Jobic pour une intervention sur une partie de la Dream Team, une célèbre bande de braqueurs de fourgons. Jobic décline :

— En fait, et ce jour-là j'étais dans le bureau de Péchenard, Jobic lui dit qu'il a autre chose à foutre ! On a fait l'affaire tout seuls.

Des réunions BRB-BRI sont montées, mais elles sont stoppées faute de collaboration de l'Antigang. L'irruption de la Police Urbaine de Proximité et de ses groupes de recherches coupe la brigade de ses informations et lui met dans les pattes de nouveaux « concurrents ». Péchenard modernise la BRB en réduisant le nombre de groupes de flag au profit des groupes d'enquêtes. Tout cela fait mal à l'Antigang, isolée, murée dans sa volonté de ne faire que de belles affaires, toute seule. Jobic est poussé vers la sortie en 2001 : la presse était informée de l'arrestation de Bonnal « le Chinois » avant même que le criminel soit amené à la PJ de Versailles. Jean-Marc Bloch, patron de Versailles, voit arriver les journalistes et demande des explications. Yves Jobic est muté dans la foulée.

Les historiques, les anciens, partent, ne se reconnaissent plus dans cette brigade. Certains ont connu Broussard, les grandes heures, les médias, ils tournent la page.

L'Antigang est à reconstruire.

XX

UNE NOUVELLE ÈRE

Lorsque Jean-Jacques Herlem prend la direction de l'Antigang en 2002, il a une mauvaise surprise : les tiroirs sont vides ! Aucune affaire n'est en cours, ses hommes tournent à vide, le service n'a plus un tuyau, rien ne remonte. La direction de la PJ envisage de faire de la BRI un simple service d'assistance, une Brigade Anti-Commando réduite à sa plus simple expression :

— Si on bosse sur une cité, les types de la BRI sont capables d'entrer et de sécuriser le truc, ils ont un vrai savoir-faire, affirme mon interlocuteur, ex-BRB en activité.

L'heure est grave, l'Antigang est menacée, appelée à rejoindre le cimetière des dinosaures. Herlem se bat, modernise :

— Je suis arrivé dans un système où l'Antigang était dans une fin de cycle. Elle était arc-boutée sur ses missions, elle n'avait plus le monopole en matière de flagrant délit sur les braquages, de surveillance, de mainmise sur les écoutes. Sur l'intervention, sa seconde mission, elle n'a pas pris le tournant des nouveaux protocoles, des armements, des doctrines, explique Jean-Jacques Herlem, sous-directeur de la PJ parisienne en 2014.

La négociation ?

— C'était simple : on disait au type : « Sors, ou on va te fumer ! » m'affirme en riant un ancien numéro 2 de l'Antigang.

Aujourd'hui, ce n'est plus possible.

— La BRB était devenue une machine de guerre. L'Antigang était dans un splendide isolement. On a rectifié le tir, poursuit Jean-Jacques Herlem, campé derrière son bureau directorial.

La révolution des méthodes se met en place à cette époque, à partir de 2002.

— L'Antigang est un service PJ, qui est passé de l'exploitation des tuyaux à aller chercher l'information, à travailler sur les dossiers. On ne pouvait plus arriver le matin et monter sur des équipes.

La brigade évolue, la négociation de crise n'est plus l'apanage du chef, elle est affaire de professionnels. Elle s'adapte au banditisme moderne :

— Ça braque moins, ça braque différemment, les écoutes ne rendent plus, la procédure est plus lourde, il a fallu s'adapter.

La brigade se sauve, elle se modernise.

J'ai franchi à nouveau la porte du 36, passé par le contrôle, monté l'escalier. Puis, après avoir donné mon identité au policier en faction à l'entrée de la PJ, j'ai tourné à gauche, je me suis engouffré dans les vieux couloirs, j'ai traversé la brigade des Stupéfiants, tourné à droite, pris l'escalier. Une double porte avec un écriteau : BRI – Brigade de Recherche et d'Intervention. Les bureaux sont mal fichus, l'éclairage est moche, c'est le charme relatif du 36. Le bureau du patron, Michel Faury (remplacé depuis cet entretien par Christophe Molny), est là, à un demi-étage :

— On a trois métiers aujourd'hui : le judiciaire, la poursuite des voyous, leur surveillance et leur interception ; l'intervention lourde, comme la prise d'otages, les forcenés, les mutineries dans les prisons ; et un nouveau volet, l'assistance domiciliaire. Là, il s'agit d'arrêter le matin des gens dangereux à domicile. Par exemple, le patron de la Criminelle nous dit : « J'ai un type très dangereux à interpeller, il est lourdement armé, il a tué père et mère. » Là, on n'est pas dans l'intervention lourde, mais on apporte notre savoir-faire. Mine de rien on en a fait plus de cent cinquante en un an.

Aujourd'hui, les flics de l'Antigang font plus de « noir », les interventions en tenue de « ninjas », que de judiciaire. L'époque veut ça, les Antigangs 2014 sont plus athlétiques. Au regard des anciens, c'est, en résumé :

« Aujourd'hui, à la BRI, on a des sportifs, pas des flics », une formule que beaucoup de policiers « à l'ancienne » manient.

« Ils sont moins boulot-boulot, plus vie de famille, plus impatients, pour eux une affaire doit vite se faire », tel est le portrait du flic de l'Antigang d'aujourd'hui, dressé par Michel Faury, l'un des derniers occupants du fauteuil de Broussard.

En janvier 2012, la BRI retrouve les honneurs de la presse, *Paris Match* en l'occurrence : des mathématiciens jumeaux de soixante ans, les frères Lascar (ça ne s'invente pas), ont tiré sur leur frère médecin qui voulait faire interner l'un d'entre eux. Barricadés à Pantin, dans leur pavillon, ces deux fans d'armes lourdes tirent au M16 sur les policiers. Après sept heures de siège, un tireur d'élite blesse l'un des deux frères. Celui-ci se rend, l'autre se tire une balle dans la tête. L'Antigang a été sur les lieux. Lorsqu'un voyou est enlevé par d'autres voyous, c'est aussi l'Antigang que les truands ont appelée à la rescousse. Écoutes, balises, filatures et l'enquête est bouclée.

Voilà pour les affaires récentes, celles d'une brigade peu ordinaire, demi-centenaire.

Elle est passée du jean-baskets à la tenue noire, de la Renault 12 Gordini au camion blindé, du collier de barbe à la cagoule, de la traque de Mesrine au banditisme de cité…

Ainsi va l'Histoire.

BIBLIOGRAPHIE ET SOURCES

AIMÉ-BLANC Lucien, *La Chasse à l'homme*, Plon, 2002

ASSAYAG William et FOURNIER Jean-Noël, *36 quai des Orfèvres, la maison du fait divers*, Éditions Alain Moreau, 1990

BROUSSARD Robert, *Mémoires*, Stock, 2000

CANCÈS Claude, *Histoire du 36 quai des Orfèvres*, Jacob Duvernet-Pocket, 2010-2013

DIAZ Charles, *La fabuleuse Histoire des grands flics de légende*, Jacob Duvernet, 2009

LE TAILLANTER Roger, *36 quai des Orfèvres Le dossier*, Grancher, 2000

LE TAILLANTER Roger, *Les derniers Seigneurs de la Pègre*, Grancher, 1993

QUERRY René-Georges, *De Mesrine à DSK*, JC Gawzevich, 2013

TOURANCHEAU Patricia, *Les Postiches*, Fayard, 2003

Blog de Georges Moréas, ancien patron de l'OCRB : http://moreas.blog.lemonde.fr/

REMERCIEMENTS

Un livre comme celui-ci, c'est un documentaire, avec ses intervenants, ceux qui parlent, qui fournissent l'histoire, l'ambiance, le vécu. Les archives, la documentation, les papiers font partie du nécessaire travail de recoupement.

Ici, il a obligatoirement été accompli avec ceux qui ont vécu, parfois de manière contradictoire, ces événements. Il n'y a que peu d'archives sur l'Antigang, brigade d'action, d'initiative. Donc il a fallu faire parler ces messieurs.

Dans un ordre aléatoire, où rien n'est prémédité, je le jure :

Merci

À François Le Mouël, grand témoin et acteur, qui m'a expliqué comment il avait créé l'Antigang. Qu'il puisse encore longtemps appuyer sur les manivelles et manger du kilomètre.

À Christian Truffinet et Guy Chétard, qui m'ont fait partager l'ambiance particulière des années terribles de cette équipe. Ils m'ont parfois raconté l'irracontable et l'impubliable.

À Christian Flaesch ancien directeur à la passion du 36 chevillée au corps.

À Jean-Jacques Herlem, qui m'a reçu et m'a expliqué ce qu'est une révolution de mentalités.

À Michel Faury, pour un long entretien dans le mythique bureau de patron.

À Robert Broussard, forcément, qui a envoyé comme un demi de mêlée, n'a pas botté en touche, et a inscrit quelques beaux essais…

À Jo Querry, convivial, mine d'informations et au carnet d'adresse ouvert, sans lui, ce livre aurait été plus difficile à écrire… Merci Jo.

À Lucien Aimé-Blanc, son rire inimitable et son air moqueur.

À Jean-Marc Bloch, qui a toujours quelque chose à raconter.

À Charles Diaz, pour ses conseils.

À Henry Moreau, parce qu'il aime les lettres.

À Josie, secrétaire de caractère, mémoire de l'Antigang.

À Roger Stella, qui a tout connu à la BRI.

À Jean-Pierre Moreau, « Jipé » qui ne laisse rien au hasard.

À Bernard Pire, que j'ai souvent embêté au téléphone, qui m'a beaucoup aidé.

À Fabio, qui connaît tout sur les dessous du 36.

À quelques anonymes, de tous les horizons.

Et, mais là c'est fait exprès, en dernier :

À Claude Cancès et Jean-Pierre Birot.

Et puis il y a les autres.

Mon fils Viktor, qui découvrit l'escalier du 36 et se fit servir une grenadine par le Directeur.

Ma femme Galina, rien à ajouter de plus…

Jef, Ben, mes amis.

Dominique Couppe, qui sait tout.

Vincent, Clément, Édouard, Anicée : un peu de ce livre est issu des « muses ».

André Bercoff, que veille sur lui le dieu rigolard qui nous observe.

À Xavier Bénéroso, ce mot « Bienheureux les fêlés, ils laissent passer la lumière ».

À Thierry Billard, élégant éditeur qui ne méprise pas ses auteurs.

À Pierre-Aloïs et Mélissa, j'ai l'alarme à l'œil !

À ma mère, patiente.

Ce livre a été écrit à Paris, la Celle-Saint-Cyr et fini à Saint-Ouen.

TABLE

Cet ouvrage a été mis en page par IGS-CP
à L'Isle-d'Espagnac (16)

Achevé d'imprimer en septembre 2014
sur les presses de Normandie Roto Impression s.a.s.
61250 Lonrai
N° d'impression : 1403292
N° d'édition : L.01EUCN000589.N001
Dépôt légal : septembre 2014

Imprimé en France